国家信息中心数字中国研究院
大 数 据 发 展 丛 书

RESEARCH ON HIGH-QUALITY DEVELOPMENT
OF MICRO, SMALL AND MEDIUM ENTERPRISES

中小微企业
高质量发展研究

杨道玲　魏　颖　任　可◎著

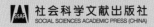社会科学文献出版社
SOCIAL SCIENCES ACADEMIC PRESS (CHINA)

前　言

习近平总书记指出，"中小企业在我国发展特别是产业发展中具有重要地位"。拥有"小而美"独特优势的中小微企业，是保市场主体的重要对象，是保就业的重要力量，也是构建新发展格局的有力支撑。中小微企业作为中国特色社会主义市场经济发展的生力军，占我国企业总量的90%以上，贡献了我国50%以上的税收、60%以上的GDP、70%以上的发明专利以及80%以上的城镇就业①，是提升产业链供应链稳定性和竞争力的关键主体，是推动经济高质量发展、构建新发展格局的基本支撑。然而，我国中小微企业发展质量仍有待提升，平均寿命与发达国家相比仍有较大差距。突袭而至的新冠肺炎疫情给抗风险能力较弱的中小微企业造成了严重冲击，尽管国家采取了强有力的支持举措，但中小微企业在复苏和发展方面仍面临诸多困难。

推动中小微企业高质量发展是"十四五"时期我国经济社会发展的重要任务。本研究从促进中小微企业高质量发展的目标出发，以识别和破解当前中小微企业面临的关键痛点、堵点为核心，以海量高频数据资源和大数据技术为基础，突破传统统计、

---

① 数据来源：《中小微企业闹钱荒？稳住，政策大礼包来了》，中央人民政府网站，2020年4月3日，http://www.gov.cn/zhengce/2022–04/03/content_5948887.htm。

调查等相关方法制约，构建出一套基于大数据的中小微企业高质量发展水平评估框架，对我国中小微企业近年来的发展活力进行纵向分析和分领域、分地域的横向比较，研判影响中小微企业高质量发展的内在痛点和外在堵点，探究纾解困难、助推发展的动力机制，提出"十四五"时期促进中小微企业高质量发展的对策建议。本书共分为上下两篇。

上篇是理论探讨。本书首先全面梳理了学术界关于中小微企业发展现状与问题、疫情对中小微企业的影响以及中小微企业高质量发展的内涵、要求和实现路径等方面的已有研究成果。其次，在充分吸收国内外理论研究和模型方法的基础上，借鉴联合国可持续发展委员会（UNCSD）提出的"驱动—状态—响应"（Driving force – State – Response，DSR）闭环分析模型，充分发挥大数据技术优势，抓取了企业登记、互联网招聘、专利创新、人流位置、裁判文书、招中标、互联网舆情、统计数据等多维时空大数据共计 8.54 亿条，设计了基于移动位置数据的人流热度分析、基于互联网数据的舆论热度分析、基于动态本体的企业行为分析等关键大数据分析方法，从政策驱动力、企业状态、社会响应三个方面，构建了"中小微企业高质量发展水平指数"，并对中小微企业发展水平进行了测算分析。测算结果显示，总体来看，疫情后中小微企业活力指数稳步回升，发展形势总体好于疫情前，但有回落态势。分领域来看，政策和资金支持助力中小微企业发展成效明显，企业创新活力增长显著，投资活力稳中有进，经营风险总体可控。分区域来看，东部地区中小微企业发展持续占优，中西部地区正快速追赶。为进一步探寻当前中小微企业高质量发展面临的痛点、堵点，通过深挖得分较低的响应指数，分析发现当前中小微企业融资获贷难度大、生产经营成本高、市场需求疲软、竞争环境待改善、政策落地实施难等五个方面的问题最为突出。对此，从纾解困难、助推中小微企业高质量发展角度出发，提出了推进帮扶政策落地落实、加大金融扶持力度、深入优化营商环境、激活消费市场活力、打造创新生态体系等相关政策建议。

下篇是专题分析。在上篇理论探讨的基础上，本书围绕中小微企业的融资状况、创新能力、数字化转型、人才供需、生存状况与"专精特新"发展等重点领域进行专题研究。具体内容如下。

中小微企业融资状况："融资难、融资贵"问题一直是困扰中小微企业发展的一大难题。本专题围绕中小微企业融资状况进行探究，从融资供需、融资渠道和融资费用三个角度分析了中小微企业的融资现状，分析得出中小微企业融资面临的问题主要集中在企业自身发展、金融机构放贷经营管理模式、第三方融资担保机制和社会征信体系四个方面，并有针对性地提出进一步提升中小微企业自身实力，建立成熟的银行信贷管理模式，完善融资担保机制，以及建立健全社会信用体系等建议。

中小微企业创新能力：中小微企业数量大、活力强，是我国创新发展的重要源泉，也是推动经济高质量发展的重要支撑。本专题通过抓取分析多源大数据发现，近年来，我国中小微企业取得了丰硕的创新成果，企业创新热情持续高涨，支撑创新的服务环境不断优化，但仍存在创新实力弱、人才差距大、质押融资难、政策落地难等四大堵点，亟须进一步加大融资支持力度、完善人才培养体系、细化扶持政策举措、营造鼓励创新氛围。

中小微企业数字化转型：中小微企业是数字经济发展的主力军，也是数字化转型的主战场。本专题通过深入研究发现，当前我国中小微企业的数字化程度普遍不高，主要表现为企业自身认知局限导致"不会转"、成本制约"没钱转"、人才技术匮乏"不能转"、收益存疑"不愿转"以及数据风险较高"不敢转"等五方面。为此建议从政府引导、人才支撑、资金帮扶、平台赋能、安全保障等方面助力中小微企业实现数字化转型。

中小微企业人才供需：中小微企业是我国吸纳就业的主力军，人才队伍对中小微企业高质量发展具有重要意义。本专题经过研究分析发现，我国面向中小微企业的人才供给基本平稳、需求有所下降，人才供需总体平稳，但在区域、行业、层次上存在结构性矛盾。同时，当前中小微企业面临社会认可度不高、岗位吸引力不强、求职信息链接不畅、技术岗位缺口大、企业文化建设弱、人才流失严重等短板，人才短缺问题已成为中小微企业高质量发展的关键制约因素，为此提出破除招工偏见，优化人力资源管理，创新人才培养体系，完善企业人才信息共享和对接等建议。

中小微企业生存状况：我国不少中小微企业重复走着"一年发家、二年发财、三年倒闭"之路，中小微企业做久做大难似乎已经成为"魔咒"。本专题通过测算发现，我国大型企业的平均寿命是中小微企业的近两倍，且中小微企业死亡率明显高于大型企业。进一步分析发现，组织架构、决策管理、产品创新等内部因素与融资、市场环境、经济形势等外部因素共同影响中小微企业的生存状况，对此提出建立健全良好的外部支撑环境，培养提升企业管理者管理能力，优化完善企业治理结构和股权分配体系，以及规划设立创新机制和现代企业制度等建议。

"专精特新"企业发展："专精特新"企业作为我国科技自立自强的排头兵，已成为高质量发展的重要动力源。研究发现，当前我国"专精特新"中小微企业发展势头迅猛，发展成效明显。但进一步分析表明，"专精特新"中小微企业高质量发展仍面临政策配套不完善，融资渠道少、门槛高，协同创新体系不完善，品牌影响力不够等短板，建议政策、资金、创新、品牌齐发力，助力"专精特新"企业高质量发展。

最后，感谢国家信息中心青年人才基金在本书前期研究中给予的资助。感谢国家信息中心及大数据发展部各位领导对本书研究的关心和指导。感谢国家信息中心耿德伟、傅娟、邢玉冠、钟晓萌、杨雨濛，重庆西部大数据前沿应用研究院刘瑾、王明健、张子砚、余宗泽、周巧慧、王凡、钱迎飞、马枭琴等同事在本书调研和写作过程中给予的支持和帮助。

Contents

目　录

上　篇

下 篇

图目录

Contents

表目录

上　篇

第一章

绪　论

一　研究背景

第一，中小微企业是中国特色社会主义市场经济发展的生力军。中小微企业分布广泛，涉及国民经济的多个领域。全国 90% 以上的企业是中小微企业，每年贡献了 50% 以上的税收、60% 以上的GDP、70% 以上的发明专利和 80% 以上的城镇就业[①]。2020 年习近平总书记在浙江考察时强调，"中小企业在我国发展特别是产业发展中具有重要地位"。拥有"小而美"独特优势的中小微企业，与民营经济高度重叠，是保市场主体的重要对象，是保就业的重要力量，也是构建新发展格局的有力支撑。尽管中小微企业的规模不及大型企业，它们却在行业细分领域默默耕耘、精益求精，占据市场领先地位，其中很多已经成为"隐形冠军"。无论从地位、作用还是实际贡献来看，中小微企业的健康发展对我国经济社会都具有重要意义。正因如此，党和国家一直高度重视和支持中小微企业发展，不断激发中小微企业作为市场主体的活力和创造力。

[①]　数据来源：《中小微企业闹钱荒？稳住，政策大礼包来了》，中央人民政府网站，2020年 4 月 3 日，http://www.gov.cn/zhengce/2022 – 04/03/content_ 5948887. htm。

第二，新冠肺炎疫情给中小微企业发展带来严峻挑战。2020 年新冠肺炎疫情暴发，国内外人流、物流屡遭冲击，经济社会发展受到了严重影响。在疫情冲击下，中小微企业的脆弱性更为凸显，出现市场需求下降、生产经营停顿、资金链断裂甚至企业倒闭等现象。党中央、国务院高度重视中小微企业的发展，近年来围绕减税降费、融资支持、援企稳岗、复工复产等方面，在国家层面和地方层面均陆续推动出台了一系列惠企纾困政策，有力地支持了中小微企业发展。但当前国际环境更趋复杂严峻，国内疫情多发散发，中小微企业仍面临着疫情冲击、全球经济形势复杂多变等诸多挑战，其发展亟待得到进一步支持与帮扶。

第三，高质量发展对中小微企业提出了新要求。"十四五"规划指出，要促进中小微企业高质量发展，鼓励中小微企业改革创新，引导有条件的中小微企业建立现代企业制度，支持中小微企业开展基础研究和科技创新。坚持以推动高质量发展为主题，中小微企业需要正确认识高质量发展的深刻内涵和核心要义，在推动高质量发展的实践中一体遵循，不断加快推进转型升级。中小微企业发展对于稳定经济增速、提升经济活跃度、保障生产体系完整和稳定就业至关重要，在当前及未来一段时期，仍需要持续重点关注探讨中小微企业该如何把握机遇迎接挑战，实现高质量发展。

基于此，本书从促进中小微企业高质量发展的目标出发，以识别和破解制约中小微企业发展面临的关键痛点、堵点为核心，在充分吸收国内外理论研究和模型方法的基础上，突破传统研究方法的制约，充分发挥大数据技术优势，通过构建中小微企业高质量发展指数，对我国中小微企业近年来的发展活力进行纵向分析和分行业、分地域横向比较分析，研判影响中小微企业高质量发展的内在痛点和外在堵点，并探究纾解困难、助推发展的动力机制，提出"十四五"时期促进中小微企业高质量发展的对策建议。

二 研究内容

本书上篇是理论探讨，按照提出问题、分析问题和解决问题的思路，重点开展三方面研究。

（1）态势感知——基于多源时空大数据分析中小微企业发展的现状

基于多源时空大数据的视角，借鉴"驱动—状态—响应"DSR 模型，从政策驱动力、企业状态、社会响应三个维度构建中小微企业发展指数，多方面剖析我国中小微企业的总体生存情况和发展质量，并重点分析疫情之后中小微企业的复苏态势。

（2）问题研判——综合利用多种方法发掘制约中小微企业高质量发展的痛点、堵点

在中小微企业高质量发展指数评价的基础上，综合运用企业行为、经营状况、企业信用等多源数据以及互联网舆情和专家观点等信息，分析疫情后中小微企业面临的问题、困难，并结合问卷调查、企业座谈等多种方式，获取各类型企业普遍反映的外部环境障碍和自身发展瓶颈，对标国际先进经验及高质量发展要求，深入剖析影响中小微企业高质量发展的内在痛点和外在堵点。

（3）机制研究——提出助力中小微企业高质量发展的对策建议

利用多源时空大数据相关算法模型，结合地域、行业等多重

维度对中小微企业发展进行关联分析，横向对比疫情影响下不同地区和行业受冲击情况及恢复情况的差异，总结归纳促进中小微企业良性发展的外部条件和内在因素，结合中小微企业自身特点，围绕财税政策、融资帮扶、营商环境、促进消费、创新发展等政策领域，提出进一步推动中小微企业高质量发展的对策建议。

围绕上述研究内容，研究形成了"N＋3＋3"的研究思路框架（见图1-1），其中，"N"是依托N种多源大数据，本研究引入企业登记注册、互联网招聘、专利创新、移动信令、企业信用、司法文书、招中标、电商、互联网舆情、POI、统计数据等多维时空数据，这是本书的研究特色，也是研究的重要数据基础。第一个"3"是紧扣三个研究重点，这是本研究的核心内容，即依托大数据进行中小微企业发展的态势感知、问题研判和机制研究。第二个"3"是夯实三项研究基础，主要包括调研梳理与中小微企业发展相关的政策和理论研究，从中汲取对本研究的支撑点和契合点；研究针对多源数据的采集、汇聚、清洗、提取和关联分析所需的一系列技术方法，形成本研究的大数据分析技术体系；围绕各类大数据进行算法推演和数据建模，构建本研究所需的算法模型。

下篇是专题分析。在上篇理论探讨与研究的基础上，本书围绕中小微企业的融资状况、创新能力、数字化转型、人才供需、生存状况与"专精特新"发展等中小微企业高质量发展的关键影响因素，开展一系列专题研究。

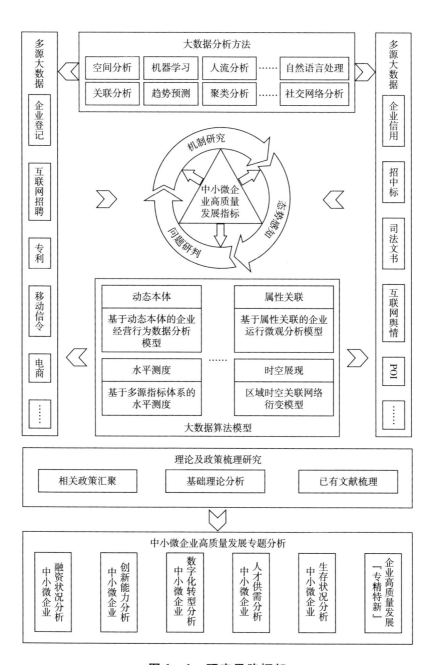

图1-1 研究思路框架

三 研究思路

本研究需攻克三个难点。

（1）多源大数据的获取问题

本研究所涉及数据源类型多样、来源分散，质量参差不齐，如何快速稳定地将分散的多源大数据资源有效整合，是开展研究的第一个难题。对此，拟利用动态本体思维建立以中小微企业经营发展状况为核心的数据汇聚体系和数据清洗、提取与关联分析方法体系。

（2）核心技术算法与模型设计

大数据具有大量、高速、多样、低价值密度等特征，要根据研究需求设计相应的算法模型，以便从海量数据中抽取有价值的信息，故无论是算法模型设计还是算力需求，研究都面临着较大的考验。

（3）基于大数据的评价指标体系构建

现有的中小微企业发展相关评估体系多基于统计和调查数据，基于大数据的相关研究较少，因此，科学合理的设计既符合中小微企业发展分析需要，又符合大数据结构特征的相关指标体系也是本研究的难点。

为此，本书在遵循"提出问题—分析问题—解决问题"的传统分析思路的同时，创新性地引入多源时空大数据的思维理念和技术方法，使之成为本研究的重要前提和基础。在提出问题阶段，围绕中小微企业高质量发展这一研究主题，着力构建本研究所必需的理论知识库、分析方法库和指标模型库，为研究提供理论基础和数据支撑。在问题分析阶段，首先从中小微企业发展的现状感知入手，解析中小微企业发展的影响与驱动因素，识别反映企业发展现状的特征指标，对标设计中小微企业高质量发展的评估指标体系并开展评估工作。在问题解决阶段，基于对中小微企业发展的现状分析与指数测算，识别分析中小微企业高质量发展面临的痛点、堵点，结合评估结论，进一步提出推动中小微企业高质量发展的相关政策建议。最后，作为一项应用型研究，成果的可持续性和可推广性一直是本研究的关注重点。本研究将不仅仅局限于对中小微企业发展现状的分析描绘，而是在此基础上进行总结升华，构建能够长期跟踪、维度丰富、数据连贯的中小微企业高质量发展水平评价指标体系，以期实现对中小微企业发展情况的动态监测分析，并不断优化完善，切实提升研究的科学性和有效性。

四　研究方法

1. 大数据分析方法

充分发挥大数据技术的数据优势、算法优势和模型优势，基于"数据—技术—研判"的研究思路，充分运用 KNN 邻近、Apriori 关联、K－means 聚类、Lee－Carter 模型、贝叶斯分类、Panjer 迭代法等机器学习算法，综合使用关联分析、趋势预测、聚类分析等多种大数据分析手段，对 2018 年以来的市场主体注册数据、招聘数据、移动信令数据、专利申请数据、互联网舆情数据、生活服务业数据共计 8.54 亿条大数据，[①] 以及其他统计数据和公开信息进行关

---

① 本书课题组广泛抓取采集各项多源大数据开展测算分析，后文中未标明来源的数据均为课题组自采数据。

联穿透分析，构建综合使用传统统计数据和大数据技术开展中小微企业态势感知和问题分析的方法体系。

2. 文献研究方法

强化理论和政策分析研究，梳理新冠疫情发生前后中央和地方发布的关于促进帮扶中小微企业发展的政策文件，广泛搜集和梳理国内外关于中小微企业发展相关的学术著作、期刊论文等，形成对中小微企业发展的基础理论、政策脉络的系统认知。

3. 融合比较分析方法

结合中小微企业的特点，从创业热情、经营状况、招聘意愿、创新活力等方面分析中小微企业在疫情发生前后的运营状况，并从产业结构、地域分布等方面进行对比分析，以期发现实践中制约中小微企业发展的主要痛点、堵点问题。

4. 调研座谈方法

选取不同产业、地域和规模的中小微企业开展问卷调研或座谈分析。2021 年 4 月，本研究对 1.5 万余家中小微企业的融资情况进行问卷调查，先后赴重庆渝北区、广西南宁市对多家中小微企业进行现场座谈，获得了关于中小微企业发展状况的一手资料，拓展丰富了数据信息源，加深了对中小微企业发展现状与问题的直观认识。

五 主要创新

1. 基于学科交叉研究的理论创新

已有研究多采用常用的统计数据或案例分析等较为单一的方法开展中小微企业发展状况的研究。本书利用大数据手段分析中小微企业发展的关键要素并创新量化分析方法，构建了一套基于大数据的中小微企业高质量发展评估指标体系，实现大数据技术变革背景下中小微企业评估的理论创新。

2. 研究方法论的融合创新

本书在充分吸收国内外中小微企业研究方法和模型精髓的基础上，突破传统统计、调查等相关方法制约，以海量数据资源和大数据方法为基础，实现了从局部、样本、低频分析到海量、高频数据综合分析的跨越；同时，研究注重文献梳理与比较分析，通过实地调研和实证检验，力争实现中小微企业发展态势感知、问题研判与大数据方法体系之间的完美结合。

3. 评估体系的设计创新

由于中小微企业发展评估对实操性要求较高，本研究提出一套基于大数据分析技术、可操作性更强的中小微企业高质量发展指标评估体系，且尝试通过进一步的实证检验使之更具普适性，切实提升本研究的推广价值。

4. 实践环境中的应用创新

研究立足于实际问题，在分析了中小微企业高质量发展的理论指标框架后，系统性地从实践层面分析了中小微企业的融资状况、创新能力水平、数字化转型、人才供需、生存状况、"专精特新"发展等诸多方面，并提出进一步推进中小微企业高质量发展的政策建议，在实践环境中不断升华理论体系，不断迭代应用创新。

第二章
中小微企业高质量发展研究综述

一 中小微企业的概念与分类

（一）中小微企业的概念

2018 年我国施行的《中华人民共和国中小企业促进法》对中小企业的概念做了明确的规定，"本法所称中小企业，是指在中华人民共和国境内依法设立的，人员规模、经营规模相对较小的企业，包括中型企业、小型企业和微型企业"。因此，国内外接受度最高、使用最普遍的称呼"中小企业"，就是指人员数量和经营规模两方面都相对较小的且完成依法设立程序的存续企业。

当政策对象为所有中型、小型和微型企业时，文件名称一般会直接使用"中小企业"，如 2019 年 4 月，中共中央办公厅、国务院办公厅印发的《关于促进中小企业健康发展的指导意见》。故"中小企业"是包含微型企业在内的常规概念，而当政策对象有所侧重和特指的时候，如若侧重于"小微企业"，也即小型、微型企业，那么名称也会发生相应的变化，如 2019 年国务院办公厅发布的《国务院办公厅关于有效发挥政府性融资担保基金作用切实支持小微企业和"三农"发展的指导意见》。值得注意的是，政策文件中曾出现的"小型微利企业"易和一般小型微型企业产生混淆，需要加以区分。"小型微利企业"是一类符合特定企业所得税优惠条件的企业概念，不是按企业规模类型划分的一类企业，因而小型微利企业仅是小型微型企业的一部分。《企业所得税法》第二十八条第一款规定，"符合条件的小型微利企业，减按 20% 的税率征收企业所得税"，提出了"小型微利企业"概念。2017 年 6 月 6 日，财政部、税务总局联合发布的《关于扩大小型微利企业所得税优惠政策范围的通知》从年度应纳税所得额、从业人数以及资产总额三个角度定义了小型微利企业的范围。

本书中所采用的"中小微企业"概念与《中华人民共和国中小企业促进法》中的概念内涵一致，即一般意义上的所有中型、小型和微型企业的统称。

（二）中小微企业的划分

对中型、小型和微型企业的完整划分标准始于 2011 年，工业和信息化部、国家统计局、国家发展和改革委员会、财政部联合发布了《关于印发中小企业划型标准规定的通知》，针对农、林、牧、渔业，工业，建筑业，餐饮业，批发业，零售业等 16 个行业提出了相应标准，营业收入、从业人员及资产总额成为主要的判定标准。该标准是在进一步落实贯彻《中华人民共和国中小企业促进法》的基础上，为努力解决中小企业融资瓶颈而制定的。为了改变过去划分标准过于宽泛从而导致扶持政策的针对性和有效性较差这一弊端，该文件在概念上首次提出了"微型企业"，作为当时巨大就业压力形势下吸纳就业的重要渠道①。2017 年，国家统计局印发《统计上大中小微型企业划分办法（2017）》，按照行业门类、大类、中类和组合类别，依据从业人员、营业收入、资产总额等指标或替代指标，将我国的企业划分为大型、中型、小型、微型等四种类型，并制定了详细的划分标准。此外，对于金融业企业，国家统计局联合中国人民银行、银监会、证监会和保监会印发了《金融业企业划型标准规定》，按照不同的金融机构类别，依据不同规模资产总额平均值，制定了特殊的规模划分标准。

总体来看，相关政策文件从企业的营业收入、纳税金额、人员规模、资产额度等方面对中小微企业进行了范围界定。在充分借鉴国家各类中小微企业划分依据的基础上，本研究基于不同行业企业注册资本规模及一度关联方数量，将企业划分为中型、小型、微型三类，并据此开展相关指数构建工作。

二 关于高质量发展的研究

（一）高质量发展的理论内涵

在中国共产党第十九次全国代表大会上，习近平总书记指出，"我国经济已由高速增长阶段转向高质量发展阶段，正处在转变发展方式、优化经济结构、转换增长动力的攻关期，建设现代化经济体系是跨越关口的迫切要求和我国发展的战略目标"。这是首次提出高质量发展概念，表明中国经济要转向高质量发展，推动经济高质量发展是当前和今后一个时期确定发展思路、

① 张宝山：《我国中小企业划分标准的历史沿革》，《时代金融》2011 年第 29 期。

制定经济政策、实施宏观调控的根本要求。随后，许多学者对经济高质量发展的内涵进行了阐述，侧重点各有不同，根据现有研究，高质量发展的内涵主要基于四个角度。

一是基于经济新常态角度。杨伟民[①]提出，经济新常态就是增速换挡、方式转变、结构优化、动力转换。其中，增速换挡就是高速增长阶段已经结束，方式转变、结构优化、动力转换这三者可以集中概括为高质量发展。赵大全[②]提出，经济高质量发展是"新常态"论断的时代化、精确化、具体化，"高速度"转向"高质量"，高质量发展成为经济"新常态"，即要求经济发展由高速阶段的平面发展、单维发展转向高质量发展阶段的立体发展、多维发展。秋缬滢[③]也从经济新常态视角出发，将高质量发展的内涵概括为经济效率高、集约化，经济结构比较合理，经济发展动力强、可持续三个方面。

二是基于社会矛盾转变和新发展理念角度。刘志彪[④]提出，高质量发展是能够很好满足人民日益增长的美好生活需要的发展，是体现新发展理念的发展。张占斌[⑤]也提出，高质量发展总体目标是满足人民日益增长的美好生活需要，要求其具体内容要体现创新、协调、绿色、开放、共享的新发展理念。金碚[⑥]提出，

---

① 杨伟民：《贯彻中央经济工作会议精神推动高质量发展》，《宏观经济管理》2018 年第 2 期。

② 赵大全：《实现经济高质量发展的思考与建议》，《经济研究参考》2018 年第 1 期。

③ 秋缬滢：《切实抓好生态环境保护这个高质量发展的基础工程》，《环境保护》2018 年第 33 期。

④ 刘志彪：《强化实体经济推动高质量发展》，《产业经济评论》2018 年第 2 期。

⑤ 张占斌：《完善制度体系，为经济高质量发展保驾护航》，《人民论坛》2018 年第 9 期。

⑥ 金碚：《关于"高质量发展"的经济学研究》，《中国工业经济》2018 年第 4 期。

创新、协调、绿色、开放、共享的发展理念是对新时代高质量发展的新要求，也是对实现了高质量发展的评价准则。同时，新时代这些要求的实现也内在地决定了经济运行必须是以效率和质量为导向的，即体现质量第一、效率优先，以实现更高质量、更有效率、更加公平、更可持续的发展。

三是基于供求关系角度。国家发展改革委经济研究所课题组[①]认为，高质量发展的核心内涵是供给体系质量高、效率高、稳定性高。王珺[②]认为，高质量发展不仅是指某一种产品或服务标准符合国际先进水平，而是整个供给体系都要有活力、有效益与有质量。余斌[③]认为，迈向高质量发展，第一产业应当以增加绿色优质农产品的供给为中心，要质量兴农、绿色兴农，第二产业应当以提高产品质量和工业企业的核心竞争力为中心，第三产业则是要打破垄断，发挥市场的作用，扩大服务业对内对外开放，提升服务业的品质、品牌、品种和便捷性，更好地满足消费升级的需要。

四是基于宏中微观角度。赵大全[④]、安淑新[⑤]等认为，在微观层面，经济高质量体现为产品高质量；在中观层面，高质量发展主要指产业发展高质量和区域发展高质量，体现为产业结构优化和区域经济发展的协同性、整体性、包容性与开放性；在宏观层

---

① 国家发展改革委经济研究所课题组：《推动经济高质量发展》，《宏观经济研究》2019年第2期。

② 王珺：《以高质量发展推进新时代经济建设》，《南方经济》2017年第10期。

③ 余斌：《高质量发展的本质内涵是什么》，《决策》2018年第6期。

④ 赵大全：《实现经济高质量发展的思考与建议》，《经济研究参考》2018年第1期。

⑤ 安淑新：《促进经济高质量发展的路径研究：一个文献综述》，《当代经济管理》2018年第9期。

面，它要求经济发展不再单一地重视增长速度，要求经济以充分、高效、平衡、生态为基础的增长，体现在三大产业结构的高端化、技术结构的升级、资源和能源消耗的回归利用、劳动力结构的适应性等方面。

（二）中小微企业高质量发展

对于中小微企业高质量发展的概念内涵，学术界尚未达成统一共识。师博和张冰瑶[1]认为，企业高质量发展与"创新、协调、绿色、开放、共享"发展理念相契合。金碚[2]提出，高质量发展是区别于高速增长的一种经济发展质态，体现质量第一、效率优先。因此，企业高质量发展也可以认为是企业实现或处于高水平、高层次、卓越的企业发展质量的状态，可看作企业发展的一种新范式。黄速建等[3]认为，企业高质量发展是一种合意的企业发展导向和范式选择，是企业集约型发展范式、内涵式发展范式和可持续发展范式的集成，追求高水平、高层次、高效率的经济价值和社会价值创造，以及塑造卓越的企业持续成长和持续价值创造素质能力的目标状态或发展范式。付朋霞和刘青松[4]对中小企业高质量发展定义从两个层面展开：一是将中小企业作为微观层面具体的企业，以不断进行创新、高效利用资源为特征，生产满足人们日益需要的产品，能够持续保持核心竞争力以实现企业

---

① 师博、张冰瑶：《新时代、新动能、新经济——当前中国经济高质量发展解析》，《上海经济研究》2018 年第 5 期。
② 金碚：《关于"高质量发展"的经济学研究》，《中国工业经济》2018 年第 4 期。
③ 黄速建、肖红军、王欣：《论国有企业高质量发展》，《中国工业经济》2018 年第 10 期。
④ 付朋霞、刘青松：《中小企业高质量发展评价体系构建》，《信息通信技术与政策》2020 年第 5 期。

高质量发展；二是从宏观层面上，中小企业高质量发展则是指一个地区能够提供适合中小企业发展的稳定、公平的环境，并且还能够有效维护中小企业的合法权益，支撑中小企业发展。通过对上述已有研究梳理，可知中小微企业的高质量发展要求企业从根本上转变现有的经营模式。戴国宝和王雅秋①认为，这种转换主要体现在以下三个方面，分别是：由过去粗放式经营转向创新驱动发展，由过去单一自我发展转向积极整合内外部资源，协调共同发展；由过去只注重产品销售转向提供稳定、安全可靠、品质有保证的产品；由过去家族式管理转向透明开放式运营；由过去独享财富转向与员工、客户及利益相关者共享财富。

在中小微企业高质量发展路径方面，可以从国家政策层面和企业自身层面来展开。一方面，要从国家政策层面进一步鼓励和引导有愿望、有条件也有能力实现更大发展的中小微民营企业。郭敬生②提出，民营经济高质量发展的路径主要包括推动质量变革、推动效率变革、推动动力变革、推动环境变革。刘现伟和文丰安③认为，中小微企业高质量发展的路径：一要放宽市场准入，二要引导企业建立现代企业制度，三要放宽金融市场准入，四要优化营商环境，五要提振民营企业家发展信心。顾华详④提出要

① 戴国宝、王雅秋：《民营中小微企业高质量发展：内涵、困境与路径》，《经济问题》2019 年第 8 期。
② 郭敬生：《论民营经济高质量发展：价值、遵循、机遇和路径》，《经济问题》2019 年第 3 期。
③ 刘现伟、文丰安：《新时代民营经济高质量发展的难点与策略》，《改革》2018 年第 9 期。
④ 顾华详：《民企聚焦"六保六稳"促进高质量发展的路径研究》，《新疆农垦经济》2020 年第 7 期。

坚持强化政策的精准支持力度，推动民营经济转型升级，切实帮助民营经济人士拓宽视野、增强信心、坚定发展信念、转变发展方式。孟尉校[①]提出，要推动中小企业转型升级、深化中小企业产学研合作以及发展新动能等举措以促进中小企业高质量发展。曾莉莎[②]提出为促进中小企业高质量发展要建立创新政策评价体系，以期为政策的制定实施进行科学诊断、信息反馈和有效控制提供参考依据。余泳泽等[③]提出，要深化科技创新体制改革，通过加强创新激励和知识产权保护，以及完善创新创业环境等措施，破除制约技术创新的制度性、结构性障碍，为企业高质量发展提供良好的创新环境。王丹和刘志成[④]提出，要完善垄断协议适用除外制度，细化豁免中小企业垄断协议行为的标准举措，并制订破除针对中小企业市场准入壁垒的专项实施方案。

另一方面，也有学者建议，中小微企业也要从自身出发，思考实现高质量发展的方法与途径。孟雷[⑤]认为，很多中小微企业陷入困境的根本原因是没有随着居民消费的升级而转型升级，所以中小微企业走出困境，实现高质量发展的根本出路就是加快推进转型升级。齐嘉[⑥]建议，民营企业要想实现高质量发展，可从

---

① 孟尉校：《努力推动中小企业高质量发展》，《西部大开发》2018 年第 11 期。
② 曾莉莎：《完善政策体系助力中小企业高质量发展》，《现代营销》（经营版）2019 年第 11 期。
③ 余泳泽、段胜岚、林彬彬：《新发展格局下中国产业高质量发展：现实困境与政策导向》，《宏观质量研究》2021 年第 4 期。
④ 王丹、刘志成：《优化反垄断监管政策助力中小企业高质量发展》，《中国物价》2021 年第 7 期。
⑤ 孟雷：《中小企业高质量发展的困境与出路》，《中华工商时报》2021 年 7 月 29 日。
⑥ 齐嘉：《促进我国民营企业高质量发展的政策思路——基于瞪羚企业扶持政策的效应分析》，《学习与实践》2019 年第 2 期。

三方面着手：完善企业认定标准，夯实企业发展基础；增强企业发展后劲，拓展企业成长空间；完善风险投资体系，加强企业金融支持。张培丽[1]提出，中小企业实现高质量发展要加快推进产品的升级换代，把生产方式转化为柔性化、个性化的需求。刘迎秋[2]提出，中小民营企业必须根据发展的需要，进行企业管理体制机制创新，要改变传统的企业产权构造的思路，注重企业之间的产权交叉与合作。杨晓琰等[3]认为，中小微企业应当牢牢抓住新科技革命和产业变革的机会，借助互联网可以推动中小微企业数字化和智能化转型。陆岷峰和徐阳洋[4]提出，在高质量发展阶段，中小企业须以数字技术为抓手，提升中小企业的数字化程度，构建以数字技术为核心的中小企业管理体制与机制，强化创新能力和核心竞争力。

三 关于中小微企业发展状态的研究

（一）中小微企业发展影响因素研究

结合已有研究分析认为，当前影响中小微企业发展的因素主要由企业内部管理因素和外部环境因素组成。其中，企业内部管理是影响中小微企业发展的主要因素。一是企业领导能力不足导

---

① 张培丽：《中小企业高质量发展的困境与出路探析》，《中国特色社会主义研究》2019年第5期。

② 刘迎秋：《中小民营企业及其高质量发展的路径选择》，《光彩》2018年第12期。

③ 杨晓琰、郭朝先、张雪琪：《"十三五"民营企业发展回顾与"十四五"高质量发展对策》，《经济与管理》2021年第1期。

④ 陆岷峰、徐阳洋：《经济双循环背景下中小企业的机遇、挑战与成长的着力点》，《西南金融》2021年第1期。

致缺乏长远发展战略等问题。王珮琪①研究发现，我国中小微企业仍以家族企业为主，企业管理人员往往"沾亲带故"，不具备管理知识和管理能力，由此引发出内耗严重和效率低下的通病，影响企业的正常经营运转，增加企业经营风险。汪小群②指出，部分中小微企业在战略目标规划和任务制定方面相对薄弱，制约企业的长远发展。二是企业内部人才缺失成为企业发展的桎梏。高立龙③调研发现，中小微企业对复合型人才需求明显，但普遍陷入"人才难找、难招、难留"的恶性循环。

融资环境、政策体系、市场环境、国际关系等外部因素同样影响中小微企业发展。张秀秀④认为，中小企业融资难主要取决于自身的经济实力和外部政府以及金融机构共同作用的结果；于淳及⑤认为，贷款难度大、融资渠道窄、资金成本高长期制约着中小微企业的生存与发展。李莎等⑥研究发现，中小微企业对政策执行参与度较低，部分中小微企业对现行优惠政策、扶持政策了解面窄，难以全面获取有利信息进行统筹规划；也有部分企业对政策收紧的适应能力不足，难以跟上转型步伐。王朔等⑦认为，

① 王珮琪：《我国中小企业发展的影响因素分析》，《山西农经》2020 年第 16 期。
② 汪小群：《民营中小企业经营困境影响因素的访谈研究》，《全国流通经济》2021 年第 12 期。
③ 高立龙：《中小企业面临的突出问题与对策——以湖南省为例》，《中国经贸导刊》（中）2020 年第 5 期。
④ 张秀秀：《中小企业融资问题及对策》，《当代县域经济》2021 年第 8 期。
⑤ 于淳及：《减税降费助力中小企业发展》，《纳税》2021 年第 20 期。
⑥ 李莎、赵静茹、李晓兰、蒋杰流、王媛媛：《深圳中小微企业成长性影响因素研究》，《中国国情国力》2020 年第 8 期。
⑦ 王朔、沈建文、陈玉梅：《新冠肺炎疫情对我国民营企业的影响及应对策略》，《天津商务职业学院学报》2020 年第 3 期。

疫情对外贸行业产生较大冲击，出口的不断减少给中小外贸企业的生存和发展带来了巨大的压力。徐懿雯等[①]提出了当前"碳中和"新型政策背景下，中小微企业在结构转型和绿色金融方面所存在的一系列问题。徐玉德[②]指出，新冠肺炎疫情冲击凸显中小微企业现实生存困境，企业收入骤降、供应链衔接不畅、内需紧缩外需中断都是影响中小微企业发展的因素。王怀璐[③]指出，中美贸易摩擦也使得外贸行业的中小微企业发展受阻，出口需求受到抑制，生存风险增大。

近年来，国家高度重视中小微企业的发展，不断夯实中小微企业的发展环境，中小微企业的总体发展相较之前进步很大。张蕊[④]认为，在党中央的高度重视下，中小微企业迎来了发展的良好机遇。目前，我国多层次市场融资支持体系功能更加健全，中小微企业金融服务政策体系不断完善，银行业金融机构组织和产品体系更加明确和丰富，风险分担和信用机制初步建立，中小微企业金融服务能力和水平明显提升。除此之外，在国家法律的基础上，各地方也先后推出适合本地区实际情况的规范性法律文件，不断推动相关法律体系的完善。

（二）中小微企业发展面临问题研究

近年来，在党和国家的高度重视和大力扶持下，中小微企业在数量、体量和质量上均得到了长足发展。但相关研究表明，中

---

① 徐懿雯、施瑾文、张凌慈、曹坊洋：《"碳中和"背景下我国中小微企业发展问题研究——以江苏省制造业为例》，《价值工程》2022 年第 16 期。
② 徐玉德：《全球疫情冲击下中小企业面临的挑战及应对》，《财会月刊》2020 年第 12 期。
③ 王怀璐：《疫情冲击下中小企业生存困境与政策效率提升》，《青海金融》2021 年第 1 期。
④ 张蕊：《我国小微企业发展现状和法律制度分析》，《法制博览》2021 年第 9 期。

小微企业在发展过程中，依然面临着诸多问题。

一是企业融资问题。孙雨忱[1]研究发现，中国中小微企业存在较为严重的"麦克米伦缺口"，超过 41% 的中小微企业存在融资约束，而现有融资供给仅能满足潜在融资需求的 57%。左月华等[2]分析发现，在新冠肺炎疫情冲击下，中小微企业受到的影响程度最深，融资问题变得更为严峻。敖天星[3]和粟勤、杨景陆[4]指出，相较于大型企业，中小微企业由于资产规模相对较小、抵押物不足、财务管理制度不规范、抗风险能力较弱等，内部融资能力有限，直接融资门槛过高，间接融资一般采取银行贷款或民间贷款的方式，面临着内源融资不顺畅、外源融资机构单一的难题，存在信贷供给风险。宋华和陈思洁[5]认为，除了融资渠道单一，融资难、融资贵问题也是制约中小微企业发展的桎梏。孟娜娜和蔺鹏[6]分析指出，中小微企业内外部信息不对称、缺乏有效担保和抵押物，银行等金融机构对其授信的积极性不高，即使授信，也会设置较高的贷款利率，并附加严格的限制条件，对企业

---

① 孙雨忱：《信息不对称下银行对中小微企业的最优信贷策略研究——基于 Logistic 回归的违约率测算模型》，《金融发展研究》2021 年第 6 期。
② 左月华、任锦儒、王金萍、许飚：《疫情冲击下敏捷金融支持中小微企业融资研究》，《新金融》2021 年第 1 期。
③ 敖天星：《中小企业融资问题研究》，《合作经济与科技》2021 年第 4 期。
④ 粟勤、杨景陆：《金融科技、中小银行小微企业信贷供给与风险》，《现代经济探讨》2022 年第 4 期。
⑤ 宋华、陈思洁：《供应链金融的演进与互联网供应链金融：一个理论框架》，《中国人民大学学报》2016 年第 5 期。
⑥ 孟娜娜、蔺鹏：《中小微企业"麦克米伦缺口"成因及智能金融解决路径》，《南方金融》2018 年第 7 期。

形成条件型金融排斥。朱武祥等[1]认为，在疫情冲击下，中小微企业的财务脆弱性风险更为明显，更难获得金融支持了。何宏庆、李智彦[2]还发现，由于中小微企业生命周期较短、缺乏长期经营战略、信用观念薄弱，存在较高的"风险溢价"，传统金融机构针对中小微企业发放贷款的利率远大于大型企业，导致中小微企业融资成本大幅提高。

二是人才问题。高立龙[3]、张敏和韩晶[4]指出，相对于大型企业，中小微企业存在成本限制利润、利润限制资金储备的现象，产业基础、软硬件基础长期薄弱，企业转型升级难度较大，在市场竞争中处于劣势，不利于人才的发展和人才作用的发挥，对人才的吸引力和凝聚力不足。另外，国玉香[5]研究表明，目前很多中小微企业人力需求规划不完整，人力资源的目标、政策、预算和需求以及后期人才的培养机制都还不够健全。王晓燕和顾颖[6]发现，部分小微企业经营者在企业创业初期的人才引进及选拔时存在任人唯亲的问题，而随着小微企业的不断发展，又会"迷信"所谓高端人才，忽视内部人员的技术及创新思维培训，盲目

---

① 朱武祥、张平、李鹏飞、王子阳：《疫情冲击下中小微企业困境与政策效率提升——基于两次全国问卷调查的分析》，《管理世界》2020 年第 4 期。

② 何宏庆、李智彦：《中小微企业融资的困境与对策》，《延安大学学报》（社会科学版）2021 年第 3 期。

③ 高立龙：《中小企业面临的突出问题与对策——以湖南省为例》，《中国经贸导刊》（中）2020 年第 5 期。

④ 张敏、韩晶：《基于可变资本理论的中小企业人才流失问题分析》，《改革与战略》2020 年第 12 期。

⑤ 国玉香：《小微企业人力资源管理存在的问题及对策》，《中国中小企业》2020 年第 12 期。

⑥ 王晓燕、顾颖：《小微企业人力资源管理如何创新》，《人民论坛》2019 年第 26 期。

高薪聘请外部人才，造成现有员工对企业的认同感、信任感及忠诚度弱化。闫希①研究发现，一些中小微企业自身综合实力较弱，且未制定科学、合理、有效的人才激励机制和绩效考核制度，缺乏对奖励和福利待遇的重视，促使优秀人才缺乏工作热情，员工流失严重。

三是技术创新问题。较多学者关注了中小微企业在发展过程中的创新能力建设。苏敬勤等②、洪小娟和蒋妍③研究发现，大多数中小微企业尚未对适宜的创新发展战略有清晰的认知，在技术创新的模式选择上往往不能结合企业自身特点及发展阶段进行相应调整，面对科技创新中所存在的各种风险，往往将模仿创新作为首选战略，主动进行科技创新改革的比例较低。除了创新意识淡薄，有学者认为中小微企业的创新支持力量也较为薄弱。戴国宝和王雅秋④研究证实，由于研发人员与研发资金的限制，与大型企业相比，中小微企业科技创新实力动力明显不足。穆瑞和肖胜权⑤的调研结果显示，83%的中小企业认为缺乏人才制约了企业的创新，50%的中小企业认为资金缺乏限制了企业的创新。谢

① 闫希：《小微企业人力资源管理创新存在的问题与对策研究》，《现代商业》2021年第19期。
② 苏敬勤、马欢欢、张帅：《中小制造企业技术创新能力演化机理研究》，《科学学研究》2020年第10期。
③ 洪小娟、蒋妍：《面向2035年促进科技型中小企业创新能力建设的路径和措施》，《中国科技论坛》2021年第6期。
④ 戴国宝、王雅秋：《民营中小微企业高质量发展：内涵、困境与路径》，《经济问题》2019年第8期。
⑤ 穆瑞、肖胜权：《中小企业创新能力影响因素模型研究》，《科技管理研究》2019年第6期。

桂芬[①]指出，中小企业价值不高，发展能力受限，人才培养与激励机制不健全，对创新人才的吸引力有限，因此高端创新人才储备不足，创新研发支撑力量缺乏。王秋丽[②]认为，目前我国中小微企业受技术基础薄弱的因素影响，难以实现高新技术的引入，在技术创新方面的合作也比较少，创新技术资源难以进入交融的状态。余红伟等[③]研究发现，受限于企业资质、资产特点及风险管控能力等因素，中小企业同时面临外部融资约束以及内部资金流不稳定等问题，使中小微企业资本环境十分窘迫，企业融资特别是用于创新活动的融资能力不足，严重打压了中小微企业的创新热情。

此外，还包括企业战略和成本等问题。王常顺[④]研究发现，部分中小微企业只关注短期盈利和如何弥补临时亏损，忽视了长远战略目标，对于财务管理不够重视。彭宇翔[⑤]指出，重生产成本轻流通成本、重短期成本轻长期成本和重领导、轻基层等问题依然存在于中小微企业发展过程中。欧李苹和尹利军[⑥]还发现，目前中小微企业的税率较高，税收负担占企业总资产和利润的比例高于全国平均水平。

---

① 谢桂芬：《提升中小企业科技创新能力的对策》，《中小企业管理与科技》（中旬刊）2020 年第 12 期。
② 王秋丽：《新形势下中小企业发展现状及对策》，《商展经济》2020 年第 5 期。
③ 余红伟、王俊苏、张旭等：《科技与金融结合促进了科技型中小企业的高质量发展吗？》，《投资研究》2020 年第 10 期。
④ 王常顺：《浅谈中小企业财务管理中存在的问题及对策》，《中国商论》2019 年第 20 期。
⑤ 彭宇翔：《中小企业成本管理问题及解决措施探讨》，《企业改革与管理》2019 年第 19 期。
⑥ 欧李苹、尹利军：《减税降费背景下的中小企业税收负担问题研究》，《商业经济》2021 年第 8 期。

（三）疫情对中小微企业的影响研究

2020 年初突如其来的新冠肺炎疫情，对我国经济造成重大影响。胡飞[1]研究认为，重大突发公共卫生事件会对企业经营造成冲击，对其短期负面冲击主要集中在对企业营业收入和生产成本的影响。张延娥[2]指出，我国中小微企业整体抗风险能力弱，尤其是在后疫情时期，企业经营状况受到严重影响，正处于"三期叠加"的困局，更加凸显了中小微企业自身在资源配置的高度脆弱性以及面临冲击时可获扶持资源的极度缺乏。为探究疫情对中小微企业的具体影响及其应对政策，学者们进行了大量研究，多数采用问卷调查方式对中小微企业受疫情影响程度、损失情况、面临困难及其政策诉求进行研究。目前已有研究表明，疫情对中小微企业影响主要表现为影响中小微企业的供应链和资金链，进而影响企业的生产经营状况及财务状况，同时也对企业复工复产及用工需求产生影响。

一是对中小微企业供应链的影响。新冠肺炎疫情带来的停工管制会影响产业供应链，可能会导致企业上游原材料供应链中断、原材料价格上涨等问题，对企业供应链原材料采购管理、复产复工、物流及市场等会产生负面影响[3]。李芊霖和王世权[4]调研辽宁省中小微企业情况发现，疫情期间中小微企业供应链面临采

① 胡飞：《当前中小企业发展面临的主要困难与对策建议》，《中国经贸导刊》2022 年第 3 期。
② 张延娥：《后疫情时期中小企业发展与经济结构调整策略思考》，《中国产经》2022 年第 9 期。
③ 宋华：《新冠肺炎疫情对供应链弹性管理的启示》，《中国流通经济》2020 年第 3 期。
④ 李芊霖、王世权：《新冠疫情冲击下中小企业如何应对危机？——基于辽宁省中小企业的问卷调查》，《地方财政研究》2020 年第 4 期。

购和销售两难问题。一方面，疫情期间大量企业停工停产，导致中小微企业面临原材料价格上涨、购买渠道受限问题。另一方面，疫情导致国内消费服务市场需求减弱，造成企业订单减少和客户流失，企业销售受到影响，造成存货积压。同时，胡剑锋①还指出，疫情直接影响了中小微企业的进出口，特别是海外疫情还未结束，对中小微企业进出口影响持续，在疫情防控常态化背景下，中小微企业面临内需外需萎缩、海外疫情影响产业链发展等挑战。

二是对中小微企业资金链的影响。较多研究表明，疫情期间中小微企业普遍存在资金缺乏、现金流面临融资和创收两难局面，存在资金链断裂的风险。一方面，疫情对中小微企业的短期冲击主要影响企业成本与营业收入。李涵等②研究指出，中小微企业受疫情影响主要表现在企业生产成本上升、营业收入下降、流动资金紧张。左月华等③认为，疫情期间企业销售难以保持平稳增长，需求短期大幅下降，进而营业收入大幅度下降，而企业仍需承担员工工资及其社保、租金、债务利息等固定支出，大量企业陷入财务困境，面临资金链断裂问题。裴雯雯④、武止戈等⑤认为，新冠肺炎疫情放大了中小微企业存在的资产规模小、抗风

---

① 胡剑锋：《新冠疫情对中小微企业的冲击与纾困策略》，《四川省社会主义学院学报》2021 年第 1 期。

② 李涵、吴雨、邱伟松、甘犁：《新冠肺炎疫情对我国中小企业的影响：阶段性报告》，《中国科学基金》2020 年第 6 期。

③ 左月华、任锦儒、王金萍、许飚：《疫情冲击下敏捷金融支持中小微企业融资研究》，《新金融》2021 年第 1 期。

④ 裴雯雯：《疫情常态化下中小微企业融资困境与纾困措施》，《营销界》2021 年第 5 期。

⑤ 武止戈、刘雨涓、周婧依、罗天琦、袁野、郭含章：《疫情背景下我国中小微企业金融纾困研究——基于文献综述的视角》，《现代商贸工业》2022 年第 12 期。

险能力弱等脆弱性特征，引发了中小微企业生产经营短期停滞、企业流动性风险加剧、信用违约风险增大等一系列问题，亟须对中小微企业进行金融纾困。朱武祥等[①]针对疫情对全国中小微企业的影响进行问卷调研，研究结果表明，85%的中小微企业现金余额维持不了 3 个月，财务脆弱性风险较高，相比于大型企业，中小微企业受到疫情冲击更为严重，面临较大的现金流压力。另一方面，融资难、融资贵一直是中小微企业发展面临的难题，而疫情影响了市场参与者对未来经济的信心，企业融资难度加剧。安玉书[②]以佳木斯市为例分析新冠肺炎疫情对小微企业融资影响指出，疫情使企业增加了流动资金贷款需求，调查样本中近五成比例小微企业的流动资金仅可维持在 3 个月以内，近六成企业表示难以通过内部融资、民间借贷等方式缓解资金困难，只能寄希望于银行贷款。周宇熙[③]分析指出，可以从短期应急性救助政策、中期结构性筛选策略以及长期规划性发展路径方面入手，缓解中小企业疫情背景下的融资问题。

三是对企业复工复产及其用工的影响。新冠肺炎疫情导致中小微企业复工复产受到阻碍[④]，并且影响了中小微企业用工需求，调查结果显示，2020 年上半年超七成中小微企业用工人数有不同

---

① 朱武祥、张平、李鹏飞、王子阳：《疫情冲击下中小微企业困境与政策效率提升——基于两次全国问卷调查的分析》，《管理世界》2020 年第 4 期。

② 安玉书：《新冠疫情对小微企业融资的影响与分析——以佳木斯市为例》，《黑龙江金融》2020 年第 10 期。

③ 周宇熙：《浅谈新冠疫情下中小企业融资问题及对策》，《湖北科技学院学报》2022 年第 2 期。

④ 盛丽莉：《新冠肺炎疫情对我国中小微企业的影响及应对措施》，《劳动保障世界》2020 年第 15 期。

程度下降①。孙丹丹②以大同市为例研究指出，大同市旅游娱乐业、物流运输业中小微企业在用工计划方面大幅度减少新员工招聘比例。洪卫③指出，受疫情影响制造业供应链上较多中小企业收入锐减，加上中小企业缺乏有效抵押、担保和融资渠道，因此偿还贷款本息和维持最低水平现金流的压力增加，中小企业复工复产面临"有心无力"的尴尬困境。郭敏④认为，在新冠肺炎疫情背景下，需要强化中小企业内部控制建设，防范和化解各类风险，帮助企业建立并完善内部控制体系，实现科学决策、精细管理、健康发展，从而有效复工复产。

四是关于影响程度的分析。黄烨菁⑤认为，受疫情影响程度最大的行业是劳动密集型生活服务业和涉外服务业。王正位等⑥利用企业经营大数据研究指出，遭受此次疫情冲击最大的是教育、住宿和餐饮业以及文化、体育和娱乐业，并且疫情严重地区中小微企业损失更大。王冬吾⑦指出，在疫情情况最严重的湖北省，中小微企业受到的冲击最大，其次是大量中小微企业集中的

① 李丹青、吴虹、胡俊文：《新冠肺炎疫情对武汉市中小微企业的影响研究——基于795份问卷调查的分析》，《上海市经济管理干部学院学报》2020年第6期。
② 孙丹丹：《中小微企业受新冠肺炎疫情的影响及享受政策支持的研究》，《华北金融》2020年第11期。
③ 洪卫：《疫情冲击对制造业供应链的影响分析及"后疫情时代"的政策取向》，《西南金融》2020年第6期。
④ 郭敏：《新冠疫情背景下中小企业内部控制建设的现状及对策分析》，《山西财税》2022年第4期。
⑤ 黄烨菁：《新冠肺炎疫情下我国中小微企业的生存与发展——冲击影响、经营症结与应对方向》，《上海经济》2020年第2期。
⑥ 王正位、李天一、廖理、袁伟、李鹏飞：《疫情冲击下中小微企业的现状及纾困举措——来自企业经营大数据的证据》，《数量经济技术经济研究》2020年第8期。
⑦ 王冬吾：《疫情对中小微企业的影响与政策分析》，《北方金融》2021年第5期。

广东、江苏、浙江和山东四省。新冠肺炎疫情除了给中小微企业带来短期影响外，也会给中小微企业长期生存造成影响。黄庆华等[①]认为，疫情背景下我国中小企业除了面临短期生存危机外，还面临长期竞争压力，因为中小企业长期处于价值链的低端、产业链的末端，发展外部环境欠佳、发展空间受到挤压、发展资源面临瓶颈、发展成本负担较重，导致中小企业持续经营难以维持，面临较大竞争压力。唐任伍等[②]研究指出，疫情会影响政策预期的不确定性，而不确定性会影响企业包括投资在内的中长期决策，进而影响企业的投资规模和融资规模。

四 关于中小微企业发展水平评价的研究

（一）中小微企业发展水平的评价体系

目前，已有多家机构和学者综合多源指标构建了中小微企业发展水平评价指标体系。机构构建的指数多在结合市场状况的基础上，从企业内部发展因素出发，重点考虑企业自身的规模、资金、创新性、风险管理等。较有代表性的如中国中小企业协会主持的中小企业发展指数（SMEDI），该指数利用中小企业对本行业运行和企业生产经营状况的判断和预期数据编制而成，具体包括八个方面，即宏观经济感受、综合经营、效益、投入、成本、资金、市场和劳动力。此外，经济日报社和中国邮政储蓄银行按

---

① 黄庆华、周志波、周密：《新冠肺炎疫情对我国中小企业的影响及应对策略》，《西南大学学报》（社会科学版）2020年第3期。
② 唐任伍、李楚翘、叶天希：《新冠病毒肺炎疫情对中国经济发展的损害及应对措施》，《经济与管理研究》2020年第5期。

月采集联合发布小微企业运行指数，全称为"经济日报—中国邮政储蓄银行"小微企业运行指数（PSI），该指数反映了我国小型、微型企业及个体工商户的月度综合运行态势与发展状况，涵盖了市场指数、采购指数、绩效指数、扩张指数、信心指数、融资指数、风险指数与成本指数[①]。

学术界对于中小微企业发展水平评价体系的构建，一般综合了外部环境支持能力以及企业内部发展能力两个方面进行评价指标的设计。其中，外部因素主要包括影响中小微企业发展的政策环境、市场环境、金融支持力度等，内部因素则主要指企业自身的规模、资金、创新性、管理能力等。高波和秦学成[②]从企业盈利能力、偿债能力、经营能力和发展能力四个维度建立了中小企业可持续发展能力评价体系，聚焦于企业内部流动资产利润、资金流动周转以及资本保值增长等方面。李季鹏[③]从资源基础观、制度基础观和市场基础观三个角度评价中小企业发展能力，侧重各类资源及利用，以及企业的市场营运、创新和积累能力。付朋霞和刘青松通过经济效率、绿色生态、中小企业发展和开放创新四个维度明确了当前中小企业高质量发展的评价体系。张小红[④]基于生命周期视角，对中小企业可持续发展能力进行评价，从外部行业环境和内部技术、组织和资金角度设计了可持续发展能力

---

① 朱琦：《小微企业持续发展能力评价体系研究》，《当代经济》2016 年第 17 期。

② 高波、秦学成：《中小企业可持续发展能力的评价体系与方法》，《统计与决策》2017 年第 8 期。

③ 李季鹏：《新疆中小企业发展能力评价体系与发展对策研究》，《新疆财经》2017 年第 5 期。

④ 张小红：《生命周期视角下中小企业可持续发展能力评价研究》，《管理观察》2019 年第 28 期。

评价体系。王子菁和张玉明[①]针对小微企业设计了发展能力评价体系，其中内部发展能力指标主要涵盖领导能力、创新收益、人力资源、企业文化、产品开发等，外部环境发展能力指标主要包括政治法律、资源环境、市场环境、社会环境等。除了对中小微企业整体发展建立多维度的评估体系外，部分学者还针对企业局部性问题设计相应的评价体系，如王鑫等[②]从企业自身因素、环境因素、供应链金融和大数据维度设计了中小企业信用评价指标体系，并探讨我国中小微企业信用评价的发展趋势。马宗国、尹圆圆[③]从国际化环境、经济发展环境、企业创新环境和教育发展环境四个维度确立了新常态下中小企业发展的影响因素。

（二）中小微企业发展水平的测度方法

在中小微企业发展水平测度方面，多数学者采用问卷调查、追踪调查、统计数据分析、构建模型分析等定量分析法开展相关研究。唐雯、王卫彬[④]运用线下问卷调查方式对科技型中小企业展开调研，初步验证企业创新生态系统构建对创新绩效的正向影响作用。张晓波等[⑤]通过线上平台发放问卷的方式分析新冠肺炎

---

① 王子菁、张玉明：《契合新需求的小微企业发展能力评价体系研究》，《东岳论丛》2017年第9期。

② 王鑫、王莹、陈进东：《我国中小微企业信用评价研究现状与发展趋势》，《征信》2021年第5期。

③ 马宗国、尹圆圆：《新常态下中国中小企业发展影响因素评价与优化策略研究》，《济南大学学报》（社会科学版）2017年第6期。

④ 唐雯、王卫彬：《科技型中小企业创新生态系统构建现状——基于200家企业的调查分析》，《技术经济与管理研究》2021年第2期。

⑤ 中国小微经营者调查课题组、张晓波、孔涛：《新冠肺炎疫情下我国小微经营者现状及信心指数》，《产业经济评论》2021年第2期。

疫情对中小微企业的影响。朱武祥等[1]通过在 2020 年 2 月对全国部分中小微企业受新冠肺炎疫情影响状况进行追踪调查,总结出小微企业在疫情期间经营收入预期下降程度、面临的压力等。Guo[2]基于国内 1124 家中小企业的统计数据,研究了创新文化、技术能力和组织规模对中小企业绩效的影响。也有学者通过构建回归模型、贝叶斯岭回归模型等方式,讨论中小微企业融资约束、技术创新路径、未来发展状况等[3]。王正位等[4]利用北京道口金科科技有限公司提供的百万量级中小微企业日度经营类数据,从企业营业收入和经营活跃企业数两个角度度量疫情下中小微企业的经营现状。除了定量分析研究方法,也有部分学者采用样本分析、比较分析、德尔菲法等定性研究方法开展探索性研究。赵慧娟等[5]选取 8 家典型中小制造企业,基于扎根理论进行多案例剖析,从数据驱动视角揭示中小制造企业提升创新绩效的过程机理。黄茂兴和廖萌[6]对中小企业的概念及作用进行梳理,结合宏观数据对比新冠肺炎疫情发生前后中小企业的发展状况。

---

[1] 朱武祥、张平、李鹏飞、王子阳:《疫情冲击下中小微企业困境与政策效率提升——基于两次全国问卷调查的分析》,《管理世界》2020 年第 4 期。

[2] Guo Xiang et al., "Impact of Innovation Culture, Organization Size and Technological Capability on the Performance of SMEs: The Case of China", *Sustainability*, 2020, 12 (4).

[3] 付玮琼、白世贞:《供应链金融对中小农业企业的融资约束缓解效应》,《西北农林科技大学学报》(社会科学版) 2021 年第 2 期。周新辉、李昱喆、李富有:《新冠疫情对中小服务型企业影响评估及对策研究——基于回归算法优化模型的分析预测》,《经济评论》2020 年第 3 期。

[4] 王正位、李天一、廖理、袁伟、李鹏飞:《疫情冲击下中小微企业的现状及纾困举措——来自企业经营大数据的证据》,《数量经济技术经济研究》2020 年第 8 期。

[5] 赵慧娟、姜盼松、范明霞、和媛媛:《数据驱动中小制造企业提升创新绩效的机理——基于扎根理论的探索性研究》,《研究与发展管理》2021 年第 3 期。

[6] 黄茂兴、廖萌:《新冠肺炎疫情对我国中小企业的影响及应对策略》,《福建论坛》(人文社会科学版) 2020 年第 5 期。

　　梳理既有文献，发现其在对中小微企业发展的分析过程中仍存在如下不足之处：一是对于中小微企业发展能力评价体系多包含外部环境和企业自身经营情况，而对于企业内部的生产活力、创新活力以及后续的经济效益、社会反响少有涉及；二是多数文献所采用的数据来自调查问卷、访谈以及抽样数据，数据更新频率慢、主观性较强且代表性不足，难以及时全面准确地反映中小微企业的发展情况，利用多源大数据方法的相关理论研究和科学实践明显不足；三是部分文献对中小微企业的研究专注于企业内部的个体因素与个案分析，对中小微企业面临的共性问题提炼总结不足。故本研究将针对当前文献存在的不足之处，突破传统方法制约，充分发挥大数据技术优势，构建一套基于大数据的中小微企业发展水平评估的方法体系。

第三章

中小微企业高质量发展指数设计

一　模型设计

"驱动力—状态—响应"（Driving Force – State – Response，DSR）闭环分析模型由联合国可持续发展委员会（UNCSD）提出，旨在评价全球可持续发展水平。DSR 模型主要分为三个部分，其中"D"代表驱动力（Driving Force）因素，如外部环境变化、资源限制等；"S"代表状态（State）因素，指的是由驱动力所导致的研究对象状态变化；"R"代表响应（Response）因素，也即人类社会根据状态的变化所进一步采取的能够维持可持续发展的行为[①]。该模型最初运用于环境评价体系研究当中，用来探究社会经济行为和环境变化之间的因果关联，之后被逐渐运用到城镇化发展、产业经济发展等社会经济学科领域。

本书在充分借鉴运用 DSR 模型设计思路的基础上，将其原有的针对可持续发展评价的原理与中小微企业高质量发展的评估目的有机结合，从中小微企业发展的驱动力、发展状态、社会响应

[①]　徐梦萍：《基于 DSR 模型的西咸新区文旅特色小镇发展分析及对策研究》，陕西师范大学硕士学位论文，2019。

三个方面确定了中小微企业发展 DSR 模型，并开展中小微企业高质量发展水平测评。模型设计的基本逻辑是：适宜的政策环境和社会环境共同形成了推动中小微企业发展的"驱动力"，中小微企业受到外部政策引导、营商环境变化以及资金融资需求等驱动，进而影响到中小微企业发展的自身状态、生产经营活跃程度，如生产活力、投资活力、创新活力等，促使其发展"状态"发生变化；中小微企业发展状态的变化又会产生一定的"响应"效果，包括良好的经济效益和社会效益，也包括企业家、经济学家和社会群众等群体对中小微企业发展的信心。该模型通过对"驱动力""状态""响应"等进行中小微企业发展的全流程评估，从而实现对中小微企业发展态势更为精准的刻画。

二 指标体系构建

基于前述对 DSR 模型设计思路的考虑，在设计 DSR 模型指标体系时，本书充分利用大数据指标精准刻画中小微企业生产经营的实际情况，在指标中特别加入中小微企业发展状态的评价。同时，研究充分考虑所设计指标的经济学含义以及指标变动的协调性、指标变动的灵敏度、指标的代表性、指标的稳定性、指标的时效性和数据的可获得性等方面，最终确立了具体的 DSR 模型评价指标（见表 3-1）。

其中，驱动力（D）指标中包括政府为促进中小微企业发展所创造的政策环境、融资环境、营商环境，用以衡量中小微企业获得的政策支持力度、获得融资难易程度以及营商环境水平；状态（S）指标从企业主体的发展现状出发，涵盖了中小微企业的生产活力、投资活力、创新活力、经营风险等四方面，以衡量企业的经营状态；响应（R）指标从经济效益及社会效益两方面出发，分别考察中小微企业发展所带来的经济效应以及企业家、经济学家、社会公众等不同群体的实际感受，用以衡量中小微企业发展的成效。

表 3 - 1 　基于 DSR 模型的中小微企业高质量发展指数设计

一级指标	二级指标	三级指标
驱动力 （D）	D1 政策力度	促进中小微企业发展的政策数量
		促进中小微企业发展的政策互联网影响力
	D2 资金支持	普惠型小微企业贷款总额
		贷款市场报价利率（LPR）
	D3 营商环境	中小微企业营商环境满意度
状态 （S）	S1 生产活力	中小微企业新增登记注册数量
		中小微企业开工活跃度
		网络招聘岗位数变化
		项目中标数量
	S2 投资活力	发生股东信息变更的企业数量
		中小微企业融资情况
		发生对外投资行为的企业数量
	S3 创新活力	专利申请注册数量
		有专利申请行为的企业数量
		发生专利交易的企业数量
	S4 经营风险（反向指标）	发生注吊销的企业数量
		被司法判决的涉企数量
		被司法判决的案件数量
响应 （R）	R1 经济学家反响	经济学家信心
	R2 企业家反响	企业信心
	R3 社会公众反响	社会群体舆论反响度
	R4 经济效应	企业效益

三　指数测算与权重设计

各项指标权重的确定是指数构建的重要内容。目前，学界主要将赋权方法分为两种，一种是主观赋权方法，另一种是客观赋权方法。其中，常见的主观赋权方法有层次分析法（Analytic Hierarchy Process，AHP）、德尔菲法（Delphi Method，亦称专家评分法）等，常见的客观分析方法有因子分析法（Factor Analysis）、变异系数法（Coefficient of Variation Method）、熵值法（Entropy Method，或Entropy Weighted Method）等。本书综合使用德尔菲法与熵值法，对指标的权重进行计算。熵值法是根据熵的特性确定指标权重的一种客观赋权法，其根据各项指标的数值信息，用熵值来判断各项指标的离散程度，指标的离散程度越大，该指标对综合评价的影响权重越大。在信息论中，熵是对不确定性的一种度量。信息量越大，不确定性就越小，熵也就越小；信息量越小，不确定性就越大，熵也越大。根据熵的特性，可以通过计算熵值来判断一个方案的随机性及无序程度，也可以用熵值来判断某个指标的离散程度，该指标的离散程度越大，对综合评价的影响越大。设有 m 个待评方案，n 项评价指标，形成原始指标数据矩阵 $X = (X_{ij})_{m \times n}$，对于某项指标 X_j，指标值 X_{ij} 的差距越大，则该指标在综合评价中所起的作用越大；如果某项指标的指标值全部相等，则该指标在综合评价中不起作用。

具体计算步骤如下。

（1）数据标准化处理

在计算指标权重前，将各指标数据转换为相对值，以避免单位不统一的问题。

$$Y_{ij} = \frac{X_{ij} - \min X_j}{\max X_j - \min X_j} \qquad (3-1)$$

其中，X_{ij} 为项目 i 的第 j 项指标的数值（$i = 1$，2，$\cdots$，n；$j = 1$，2，$\cdots$，m），$\max X_j$ 为第 j 项指标的最大值，$\min X_j$ 为第 j 项指标最小值。

（2）计算项目 i 的数值在第 j 项指标中的比重

$$P_{ij} = \frac{Y_{ij}}{\sum_{i=1}^{n} Y_{ij}} \qquad (3-2)$$

（3）计算第 j 项指标的熵值

$$e_j = -k \sum_{i=1}^{n} P_{ij} \ln P_{ij} \qquad (3-3)$$

其中，$k = 1/\ln n$。

（4）计算第 j 项指标信息熵冗余度

$$d_j = 1 - e_j \qquad (3-4)$$

（5）计算第 j 项指标权重

$$w_j = \frac{d_j}{\sum_{j=1}^{m} d_j} \qquad (3-5)$$

（6）计算指标得分

$$Z_{ij} = w_j \times Y_{ij} \qquad (3-6)$$

对于一级指标，本书利用德尔菲法，综合学术界已有研究及各方专家观点，对中小微企业高质量发展指数的驱动力、状态及响应 3 个一级指标分别赋予 20%、50%、30% 的权重，并依据数据收集抓取情况，利用熵值法对相应的 11 个二级指标 22 个三级指标进行赋权，最终形成了具体各指标权重结果（见表 3-2）。

表 3-2　指标权重分配

一级指标	二级指标	三级权重	
驱动力（D）20%	D1 政策力度 45.9%	促进中小微企业发展的政策数量 15.5%	
		促进中小微企业发展的政策互联网影响力 30.4%	
	D2 资金支持 38.3%	普惠型小微企业贷款总额 34.8%	
		贷款市场报价利率（LPR）3.5%	
	D3 营商环境 15.8%	中小微企业营商环境满意度 15.8%	
状态（S）50%	S1 生产活力 28.7%	中小微企业新增登记注册数量 6.7%	
		中小微企业开工活跃度 8.1%	
		网络招聘岗位数变化 7.8%	
		项目中标数量 6.1%	
	S2 投资活力 21.6%	发生股东信息变更的企业数量 7.1%	
		中小微企业融资情况 8.0%	
		发生对外投资行为的企业数量 6.5%	
	S3 创新活力 24.4%	专利申请注册数量 7.9%	
		有专利申请行为的企业数量 8.3%	

一级指标	二级指标	三级权重
状态（S）50%	S3 创新活力 24.4%	发生专利交易的企业数量 8.2%
	S4 经营风险 25.3%	发生注吊销的企业数量 8.2%
		被司法判决的涉企数量 8.5%
		被司法判决的案件数量 8.6%
响应（R）30%	R1 经济学家反响 35.1%	经济学家信心 35.1%
	R2 企业家反响 23.6%	企业信心 23.6%
	R3 社会公众反响 18.0%	社会群体舆论反响度 18.0%
	R4 经济效应 23.3%	企业效益 23.3%

四 关键数据的采集与处理

本次指数测算所使用数据由统计数据和大数据指标两部分构成。其中，统计数据包括 2017 年 1 月至 2021 年 12 月国家和各地方发布的促进中小微企业发展的政策数量、普惠型小微企业贷款总额、贷款市场报价利率等统计数据。大数据部分包括与中小微企业相关的登记注册注销、网络招聘、移动信令、股权结构、专利申请、司法判决等企业行为数据；以及社会各界对促进中小微企业发展的政策关注度、营商环境满意度、中小微企业舆论信心等互联网舆情大数据。其中，重点需要对企业人流量数据、互联网舆情数据、企业行为数据进行关联分析处理。研究采取的相关技术方案如下。

（一）基于移动信令数据的人流热度分析

随着移动互联网不断发展，用户渗透率不断提高，移动运营商通过通信系统提供的移动位置数据具有以下特点：手机用户群体数量和手机使用率的不断提高，保证了移动位置数据的样本数量和随机性特征；无线通信网络覆盖区域的不断扩大，移动位置数据的时空信息具备时间连续性和空间覆盖性等优点，使其成为大范围、低成本、覆盖多种方式的人流分布特征信息采集手段（见图 3 - 1）。通过划定中小微企业聚集分布的写字楼、商业中心、产业园区等地块，利用大数据手段分析其人流变动情况，能够精准有效地反映该地区中小微企业的生产经营活力。

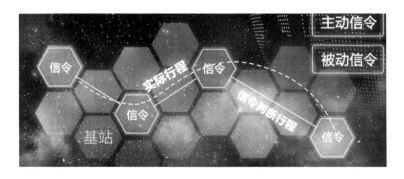

图 3 - 1　通过基站位置及手机信令分析人流的原理示意

分析人流移动过程是根据某地区手机移动位置数据的特点，提出了数据预处理、基站小区定位、出行链识别、分区统计及结果扩样方法，获取居住人口分布、通勤岗位分布、跨区人流

OD（origin – destination）、人员聚集度等大数据指标（见图 3 - 2）。这一方法的关键，在于获取特定 POI（兴趣点）区域范围内的移动终端（如手机）数量。

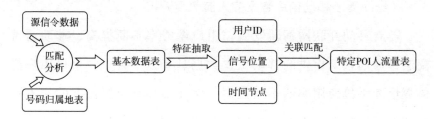

图 3 - 2　基于手机信令的人流移动分析流程

　　为有效获取特定 POI（兴趣点）区域范围内的移动终端（如手机）数，需首先圈定较为准确的围栏范围。为了兼顾测算的准确性与时效性需求，我们设计了两种根据 POI 确定对应围栏信息的策略，即人工精准化圈定围栏策略和自动化快速圈定围栏策略，根据实际操作经验，人工精准化圈定一个围栏速度大概在 3 ~ 5 分钟，时间成本相对较低，但自动化快速圈定围栏则可在秒级批量处理，时间成本更低。围栏划定后即可利用监测网格持续获取移动终端数量，总体思路如图 3 - 3 所示。

　　对于人工精准化圈定围栏策略，由于圈定围栏过程中的多个环节需要人工介入，因此时效性较差，但准确度相对较高。其主要流程包括利用地图搜索并确认 POI 对应地理位置、人工根据地图显示 POI 覆盖范围圈定其围栏范围、将围栏范围转换为 8 位 GeoHash 编码①、将 8 位 GeoHash 编码映射至监测网格等，人工圈

---

① GeoHash 编码位数越多代表围栏精度越精确，目前业界主流采用 8 位 GeoHash 编码绘制围栏范围。

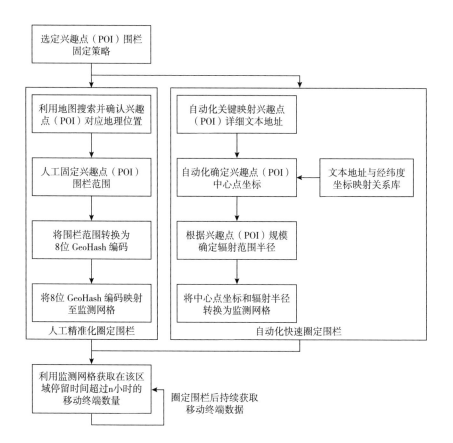

图 3 - 3 特定兴趣点（POI）区域范围内移动终端数量获取方法具体流程

定围栏如图 3 - 4 所示。其中，为了便于移动终端数量的获取及统计，目前业界主流做法会提前将移动终端定时上报的地理位置数据进行网格化预处理，每个网格大致由 38 米长和 19 米宽的矩形网格组成。

自动化快速圈定围栏策略的主要流程是：根据 POI 名称自动化关联映射 POI 的详细文本地址，根据文本地址与经纬度坐标映射关系库确定 POI 中心点坐标，设定 POI 辐射范围半径，将 POI 中心点坐标及其辐射半径绘制的圆周拟定为该 POI 围栏范围并转

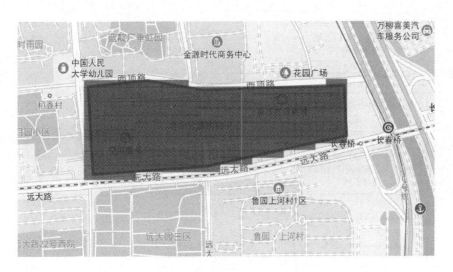

图 3 - 4　人工圈定围栏示意

换为监测网格，其中，如图 3 - 5 所示，以半径为 50 米为例，其圆周共覆盖了 11 个网格。不难发现，自动化快速圈定围栏策略的全过程中人为参与环节较少，虽然准确度会有些损失但时效性较强，可供不同监测需求下综合选取。

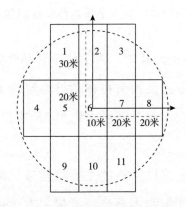

图 3 - 5　将中心点坐标及辐射半径转换为监测网格示意
（以半径为 50 米为例）

无论是人工精准化圈定围栏策略还是自动化快速圈定围栏策略，一旦选定监测网格即可开始持续获取这些网格内的移动终端数据。此外，为了尽量减少统计误差，本研究只统计在监测网格区域内停留时间超过一定时长的移动终端数量，并且将原始数据进行脱敏化处理，只提取了时间、位置和数量信息。

（二）基于互联网舆情数据的舆论热度分析

互联网舆情数据包含所有在互联网页面及社交媒体平台所发布的文本数据，例如，门户网站新闻、微博内容、微信文章、贴吧论坛发帖等。此类数据以非结构化数据为主，数据量巨大，通过对此类数据的抓取与分析，可以挖掘出网民对特定话题、特定事件的关注热度、关注主题、感情倾向等，也可以将舆情信息与特定事件相关联用于线索信息的发现与梳理。

在用于中小微企业发展评估时，可先以中小微企业的若干特征名称为关键词，从海量的互联网舆情中筛选、匹配与其相关的讨论信息，接下来进行清洗、去重、结构化等初步处理，再应用自然语言处理、机器学习等算法，从中提取出与该企业相关的情况等（见图3-6）。

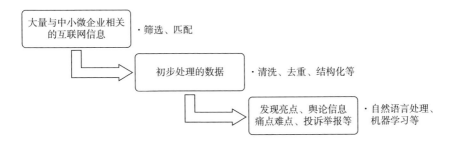

图3-6 互联网舆情分析基本流程

（三）基于动态本体的企业行为分析方法

在计算机科学与信息科学领域中，本体是指一种"形式化的，对于共享概念体系的明确而又详细的说明"。本体提供的是一种共享词表，也就是特定领域中的对象类型或概念及其属性和相互关系；或者说，本体实际上就是对特定领域中某套概念及其相互之间关系的形式化表达。其中在涉及宏观经济分析的过程中，经济社会运行的主体一个是企业法人，另一个是自然人，是某些经济的、社会的、政治的、文化的属性组合。经济社会的一切运行与发展离不开自然人与企业法人两类主体。聚焦本书研究的中小微企业发展，则围绕中小微企业这一组特定本体，可以围绕其从设立、经营、融资、退出等活动衍生出一系列行为轨迹。不同于传统统计数据对于本体仅为静态的、画像性的描述，利用动态本体分析方法，通过对特定本体在给定时间范围内各类行为活动轨迹的大数据监测、分析与归纳，可以得到对其实时的具有变动过程的状态刻画。

属性是人类对于一个对象的抽象特征方面的刻画。对中小微企业本体而言，其属性包括企业的名称、规模、地区、人员等。通过属性关联的分析方法，本研究围绕企业主体汇聚了工商注册、就业招聘、招投标、投融资、专利软著、社会信用、行政审批、法院判决等近 80 个大类 1800 余个指标项，并按企业 ID 号统一检索，对企业按照行业、地域属性进行灵活划分，实现了对中小微企业的精准刻画（见图 3-7）。通过综合运用"动态本体、属性关联、时空展现"的分析方法论，本研究广泛抓取了 2018 年 1 月至 2021 年 12 月共计 8.54 亿条数据，实现了对中小微企业全生命周期多维度行为状态的全方位监测（见图 3-8）。

图 3 - 7 属性关联：企业生产经营行为大数据关系链示意

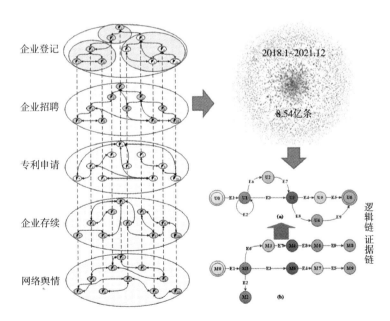

图 3 - 8 多维度关联、穿透式挖掘、融合式分析的数据分析体系

第四章

中小微企业高质量发展水平评价

本章按照第三章所述方法进行测算，得到 2018 年 1 月至 2021 年 12 月的全国中小微企业高质量发展指数。该指数以 2018 年 1 月为基期，将其得分设为 100。得分越高，表征中小微企业发展形势越好，其中指标大于 100 则表示企业活力好于基期，指标小于 100 则表示企业活力弱于基期。

一　中小微企业发展总体态势

从整体走势看，中小微企业高质量发展指数稳步上升（见图 4－1），但 2021 年下半年略有回落。2018～2021 年，全国中小微企业高质量发展指数年均得分为 99.31、99.97、98.31 和 105.70，中小微企业发展环境整体向好，发展水平稳中有进。

具体来看，2018 年 1 月至 2019 年 12 月，中小微企业高质量发展指数总体平稳发展。2020 年初新冠肺炎疫情席卷全国，指数出现明显跌幅，2020 年 1～6 月得分均低于 100，其中 2 月得分仅为 87.69，为历年来最低点。其后，随着我国疫情逐步得到控制，复产复工稳步推进，中小微企业活力也逐步恢复，2020 年 7 月指数再度站上 100 以上，达 102.51。2021 年以来，中小微企业发展稳步向好，4 月指数达到近年来最高点 108.18，但第三季度指数出现下滑态势，9 月回落至 105.25，此后第四季度指数平稳发展，维持在 105.5 左右。

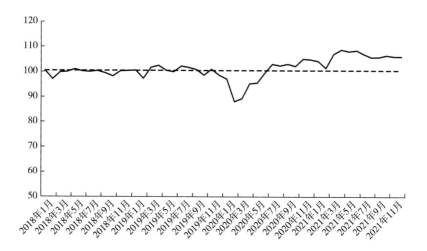

图 4 - 1　2018 年 1 月至 2021 年 12 月中小微企业高质量发展指数

二　分领域中小微企业发展态势

分领域看，政策驱动持续发力，企业活力稳步提升，企业信心逐步回暖。

1. 政策和资金支持助力中小微企业发展成效明显

中小微企业高质量发展指数 3 个一级指标中，驱动力（D）包含政策力度、资金支持和营商环境 3 个二级指标。近年来，我国对中小微企业发展的支持力度不断提升，中小微企业的发展环境不断优化，驱动力指数平稳快速增长（见图 4 - 2），2021 年 11 月驱动力指数得分达 120.28，创 2018 年以来最高指数得分。从二级指标看，得益于促进中小微企业发展的相关政策落地和金融机构对中小微企业普惠金融支持，2021 年 11 月政策力度、资金支持指标值为 134.20、130.67，年均增速分别为 8.89%、8.26%，带动了驱动力指数的高速增长。但受新冠肺炎疫情、外部竞争压力增大等不利因素影响，营商环境得分 94.10，较 2020 年 3 月最低值 63.67 有所回升，但较 2018 年基期 100 仍下跌 5.9 个点（见图 4 – 3）。

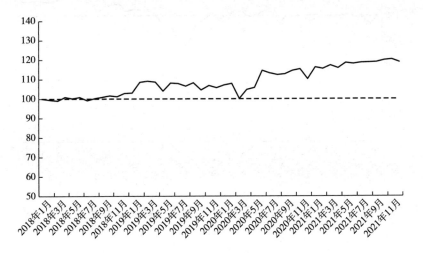

图 4 – 2　一级指标驱动力指数变化情况

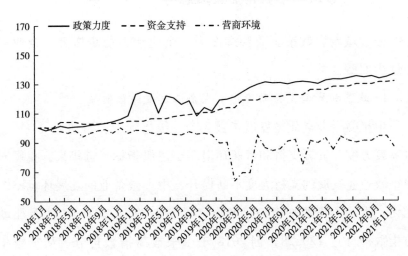

图 4 – 3　驱动力指数各二级指标表现

2. 创新活力增长显著，投资活力稳中有进，企业经营风险总体可控

状态指数（S）主要反映企业生产活力、投资活力、创新活力及经营风险等中小微企业的生产经营状态。总体来看，2018 年以来状态指数稳步增长，虽受疫情影响在 2020 年 2 月跌至 89.54 的最低点，但其后快速回暖，至 2020 年 4 月再度站上 100，达到 104.88 的历史新高。此后状态指数持续波动上涨，至 2021 年 4 月达到 116.45 的最高值，但 7 月以来状态指数持续下滑，11 月状态指数为 110.18，较最高点 116.45 下降 6.27（见图 4 - 4）。从二级指标看，创新活力指标增速明显，2021 年平均得分 149.23，较 2018 年平均得分 110.97 增长 38.26，中小微企业创新活力提升迅速，在企业生产经营中扮演的角色日趋重要。生产活力和投资活力指数总体表现平稳，2021 年平均得分 102.35、110.69，较 2018 年平均得分

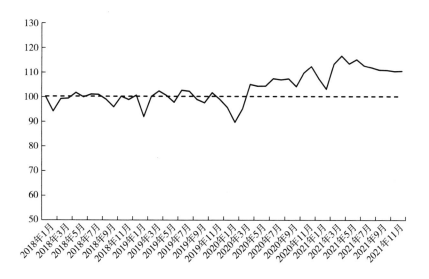

图 4 - 4　一级指标状态指数变化情况

指数分别增长 4.72%、11.26%。经营风险主要反映企业涉诉、经营异常及被吊销相关情况，为逆向指标，其数值越大，意味着企业经营风险越小。2019 年、2020 年经营风险平均得分为 88.46、89.74，较 2018 年经营风险平均得分 93.79 出现较明显下滑；2021 年企业的涉诉、行政处罚数量减少，经营风险平均得分为 100.95，经营风险下降明显（见图 4-5）。

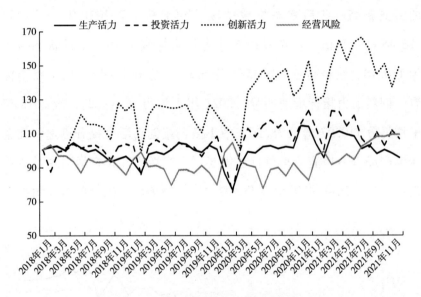

图 4-5　状态指数各二级指标表现

3. 舆论对中小微企业的总体反响低于疫情前水平

响应指数（R）主要反映社会各方对中小微企业发展的感受与看法。总体来看，响应指数表现比较平稳。2018 年、2019 年响应指数平均得分分别为 98.96、96.34，总体较为平稳。但新冠肺炎疫情发生后，响应指数出现了大幅下滑，至 2020 年 2 月得分为 71.14；此后响应指数持续处于较低水平，直至 2021 年 5 月指数才再度超过 90。其后响应指数又持续略微波动，且受疫情反复及大宗商品价格上涨等因素影响，社会对中小微企业的发展现状与未来预期仍存担忧疑虑，响应指数在 2021 年仍处于较低水平，平均值仅为 88.38，虽较 2020 年平均值 82.24 出现回升，但是与 2018～2019 年平均值相比仍存一定差距（见图 4-6）。从二级指标上看，经济学家信心数值在 2019 年开始逐渐下降，2020 年 5 月达到阶段最低值 59.93，2020 年 7 月迅速回升，2021 年 12 月经济学家信心指数为 101.82。2020 年，受新冠肺炎疫情影响，企业家反响和经济效应指数骤然下降，2020 年 2 月分别为 61.54 和 63.77。随着经济复苏，指数稳步回升，2021 年 12 月数值分别为 85.66 和 83.09，表明中小微企业经营状况得到改善，对未来经济良性预期，但与疫情前发展水平相比仍有差距（见图 4-7）。

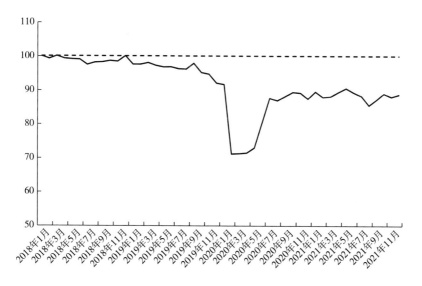

图 4-6　一级指标响应指数变化情况

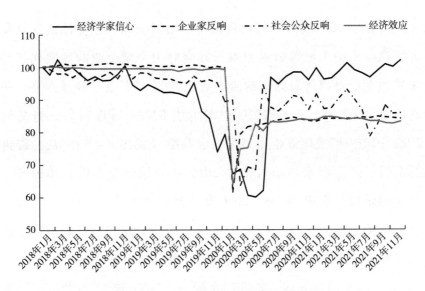

图 4-7 响应指数各二级指标表现

三 分区域中小微企业发展态势

分区域看，东部地区中小微企业发展持续占优，中西部地区快速追赶。为更好地展现全国中小微企业发展水平地域差异化发展，对全国 31 个省份 2018 年 1 月至 2021 年 12 月状态指数的年度平均指数得分进行测算（见表 4-1），形成如下结论。

表 4-1 2018~2021 年全国 31 个省份中小微企业状态指数

排序	2018 年	2019 年	2020 年	2021 年
1	广东	广东	山西	广东
2	北京	江苏	广东	浙江
3	山东	浙江	江苏	江苏
4	浙江	北京	宁夏	山东
5	广西	安徽	安徽	山西

续表

排序	2018 年	2019 年	2020 年	2021 年
6	山西	山东	重庆	安徽
7	江苏	四川	四川	四川
8	陕西	上海	浙江	湖北
9	上海	天津	吉林	江西
10	安徽	陕西	北京	北京
11	河北	江西	陕西	海南
12	天津	湖北	海南	广西
13	福建	福建	河南	上海
14	全国平均	山西	上海	全国平均
15	海南	广西	全国平均	宁夏
16	重庆	全国平均	湖北	福建
17	贵州	河南	江西	云南
18	宁夏	重庆	云南	吉林
19	青海	河北	河北	陕西
20	云南	云南	福建	河北
21	甘肃	贵州	广西	河南
22	吉林	甘肃	甘肃	甘肃
23	湖北	宁夏	湖南	湖南
24	湖南	湖南	山东	贵州
25	四川	海南	辽宁	新疆
26	江西	辽宁	天津	内蒙古
27	辽宁	吉林	新疆	天津
28	河南	青海	内蒙古	黑龙江
29	黑龙江	内蒙古	黑龙江	青海
30	新疆	黑龙江	贵州	重庆
31	内蒙古	新疆	青海	辽宁
32	西藏	西藏	西藏	西藏

1. 广东等东部省份中小微企业发展指数得分最高，引领全国中小微企业发展

2021年，在各省份中小微企业状态指数排名前十中，东部地区省份数量有5个，中部地区4个，西部地区1个，充分显示了东部地区中小微企业发展的领先优势。其中广东作为我国经济第一大省，在2018年、2019年、2021年中小微企业状态指数均位列第一，尽管2020年受疫情影响有所波动，但仍位列第二，体现出了广东中小微企业强劲的发展势头。同为东部地区的浙江、江苏也紧追广东脚步，2021年分别位列第二、第三。

2. 中西部省份快速追赶，山西、广西、江西等省份表现亮眼

对比各省份2021年状态指数平均得分与2018年的差异发现，在指数增速排名前十的省份中，中部省份有6个，东部省份有3个，西部省份有1个，中西部地区省份增长势头迅猛。其中，山西在疫情期间奋力追赶，数项分指标名列前茅，状态指数得分2020年位居第一、2021年排名第五，状态指数得分年均增速达4.91%。从排名变动情况看，与2018年的状态指数排名相比，2021年四川、江西、湖北三个省份排名涨幅超过10名，分别上涨17、16、14名。名次涨幅前十的省份中，中部省份有5个，西部省份有2个。总体来看，中西部地区中小微企业正加速追赶。

第五章
中小微企业高质量发展面临的主要问题

　　基于对中小微企业高质量发展指数的测算，本研究分析发现，当前我国对中小微企业的支持政策持续发力，融资支持力度不断提升，企业生产、创新、投资活力相关指标不断增长，成为中小微企业高质量发展的重要驱动因素。但在社会公众感受及专家学者信心、企业家信心等方面，各指标仍呈"前高后低"态势，表现不及疫情前水平。面向未来，中小微企业还需优化生存模式，适应外在环境的变化，创新发展路径，适应新的市场需求，实现有效转型和高质量发展。为进一步探寻当前中小微企业经营发展面临的痛点堵点，本章针对"响应"指标下的相关数据进行挖掘，汇总分析专家学者、中小微企业主、社会公众等对中小微企业发展的观点看法，发现资金流吃紧、生产经营承压、竞争环境待改善、政策落地实施难、创新转型存障碍等五方面是中小微企业高质量发展面临的主要难点（见图 5 - 1）。

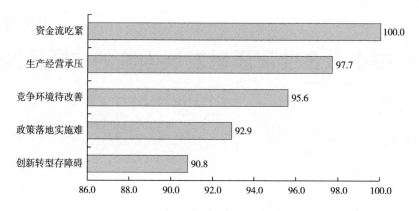

图 5 – 1　舆论对中小微企业发展主要面临问题的关注度（最高设为 100）

一　部分中小微企业资金流吃紧

调研显示，中小微企业经营者普遍面临现金流可维持时间短的情况，2021 年第四季度中小微企业经营者现金流平均可维持时间为 2.7 个月，有 33.2% 可维持不超过 1 个月。[①] 环比来看，其平均现金流可持续时间也较 2021 年第三季度有所缩短[②]。一方面，中小微企业应收账款有所上升。当前我国企业应收账款占流动资金的比重在 50% 以上，远高于发达国家 20% 的一般水平；企业之间相互拖欠货款，造成逾期应收账款占比居高不下，已成为经济运行中的一大顽症。虽然国家已出台多项中小微企业款项清欠的举措，但中小微企业面临的应收账款困境仍然严峻。2021 年以来，部分行业中小微企业应收账款有上升态势，流动资金紧张加

[①]　本书除有注释或特别说明外，其他数据均为本书自采。

[②]　北京大学企业大数据研究中心：《中国小微经营者调查 2021 年四季度报告暨 2022 年一季度中国小微经营信心指数报告》，https://www.cer.pku.edu.cn/osome_report_2021q4，2022 年 1 月 22 日。

剧。报告显示①，疫情以来，小型工业企业应收账款增速明显快于整体增速和大中型工业企业应收账款增速，小型工业企业应收账款总量占比和增量占比均大幅增长，说明产业链核心企业凭借产业链优势地位和议价能力占用其他链上中小微企业资金的情况进一步加剧，持续挤压小型企业生存空间（见图5-2）。一项针对广东118家中小微企业的调研发现②，超过70%的企业在2021年有被拖欠款项；82%的企业认为其所属行业存在账期过长现象；超六成企业主表示，行业账期困局正在加重。而在这些被调研企业中，77%来自加工制造业，约1/4是国家级和广东省的专精特新"小巨人"企业。不少中小微企业为保住业务，不得不接受应收账款被长期压占。中小微企业购买材料、工资、交税、支付利息等都需要真金白银，一旦账款被拖欠很容易导致企业陷入流动性困局。

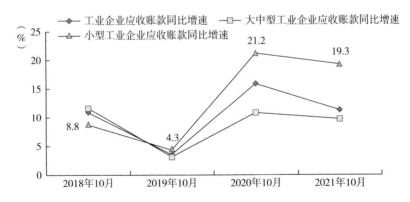

图5-2　工业企业应收账款同比增速

数据来源：国家统计局。

---

① 赛迪智库：《警惕工业企业应收账款快速上涨问题》，https://www.ccidgroup.com/info/1105/32325.htm，2020年12月31日。

② 高若瀛：《中小企业困在账期里，年关再掀清欠之战》，经济观察网，http://www.eeo.com.cn/2021/1203/513644.shtml，2021年12月3日。

另一方面，融资难仍是持续困扰中小微企业的突出问题。从企业自身看，中小微企业生命周期短、抗风险能力弱、经营灵活多变，企业融资需求呈现规模小、频率高、时间急等特点，这使得银行发放每一笔贷款所需的尽职调查和事后监控的操作成本上升，虽然可以通过提高利率在一定程度上加以弥补，但中小微企业由于自有资本和商誉价值不高，破产成本较低，更易产生破产逃债的道德风险，融资成本也就更高。从金融供给端看，部分中小微企业自身财务信息不规范，银企之间存在较突出的信息不对称问题，加之我国征信服务与担保体系等尚不完善，使得金融服务供给者与需求者之间难以形成有效沟通，造成"不敢贷、不愿贷、不能贷"的种种现象。特别是在商业银行与中小微企业之间，这种信息不对称矛盾更为突出：银行方面难以收集和甄别中小微企业有效信息并据此进行信贷决策，中小微企业在未全面了解银行产品和服务的情况下，也难以迈出建立银企关系的第一步，融资难题进一步凸显。从政府端来看，涉及中小微企业融资的政策工具、公共基础设施、公共服务手段等方面还存在完善的空间。本研究进行的一项问卷调查显示，当前信贷优惠政策多针对新增贷款，但是一些企业的资产早已用于存量贷款的抵押，它们难以获得低成本信贷资金。对于有融资需求的企业，融资过程中遇到的主要问题包括缺乏足够抵押物、资质材料审核要求多等，特别是未融到资的企业遇到更严重的"缺乏抵押物"和"审核要求多"等问题。

二 中小微企业经营成本承压明显

一方面，原材料、物流等成本普遍上涨，令部分企业难以负担。中小微企业资金规模有限，议价能力弱，往往面临着"上游涨价快、下游提价难"的困局，在涨价潮中承受了最大的成本压力。原材料成本方面，国际货币基金组织（IMF）全球大宗商品价格指数显示，2021 年 9 月价格指数达 172.6，较 2020 年底提高 47.0 点。其中，农产品、能源价格指数分别较 2020 年底上涨 16.4% 和 79.9%。全球大宗商品涨价带动国内原材料全面涨价，令中小微企业生产经营成本高企。企业销售价格增速明显滞后于原材料价格，企业利润空间不断被压缩，中小微企业担心对产品提价就是将市场"拱手相让"，在这轮涨价潮中"不敢接单也不敢提价"。物流成本方面，全球多国因疫情采取的政策导致贸易港口处于混乱或者封闭的状态，卸货难度加大，国际海运效率大幅下滑，海运价格抬升。数据显示，2021 年全年中国出口集装箱运价综合指数平均值为 2601.92 点，而疫情发生前的 2019 年 12 月中国出口集装箱运价综合指数仅为 841.46 点，上涨了 209%[1]。由于当前运价"高烧不退"，对不少中小微企业而言，运费占总成本比重越来越高，利润被严重压缩。有的企业硬着头皮生产出口订单，却因集装箱滞留海外，订单发货难，面临货物积压和利润积压的双重困境，可谓"夹缝求生"。租金、人力等其他成本方面，一项针对 1.56 万家小微企业的调查显示，在导致 2021 年第四季度小微经营者经营成本上升的因素中，租金成本压力占比持续扩大，升至第一位[2]。2021 年春

---

[1]　数据来源：上海航运交易所，https://www.sse.net.cn/indexIntro? indexName = intro。

[2]　北京大学企业大数据研究中心：《中国小微经营者调查 2021 年四季度报告暨 2022 年一季度中国小微经营信心指数报告》，https://assetsfarm.oss – cn – beijing.aliyuncs.com/PDF/osome_ report_ 2021Q4.pdf，2022 年 1 月 22 日。

节后全国平均招聘薪酬有所提升，第二周较第一周增长 2.1%，企业普遍反映人力成本上涨快，有企业代表称其人力成本每年上涨超30%，"不涨工资招不来人，但工资涨幅过快，企业吃不消"。同时，电商、外卖平台几家独大，佣金居高不下，渠道费用大幅挤占中小微企业利润空间，使得许多经营者在平台上只是"赔本赚吆喝"。场地租金、员工工资、渠道费用等价格不断上涨，成为中小微企业经营的又一项沉重负担。

另一方面，市场需求疲软加重中小微企业经营压力。自疫情暴发以来，居民更多倾向储蓄以"防患于未然"，预防动机增强，储蓄增加，居民消费意愿和消费水平有所下降。中国人民银行调查显示①，2020 年第一季度以来，城镇储户选择"更多储蓄"的比例较 2019 年同期大幅提高，而城镇储户选择"更多消费"的比例明显低于 2019 年同期水平，且反弹速度较慢。分析全国 232 个线下商圈人流量情况，用以反映线下消费热度的变动情况，数据显示，与 2020 年的恢复性增长情况不同，2021 年以来全国线下商圈人流量先增后降，下半年线下消费热度明显下滑，2021 年第四季度线下商圈人流量同比下降 17.6%。2021 年局部疫情反复及多地暴雨所引发洪涝和次生灾害频频冲击服务业等线下消费领域，部分中小微企业市场需求萎缩、订单减少，存在较大的经营压力。面向小微经营者的调查显示②，截至 2021 年第四季度，

① 数据来源：中国人民银行，http://www.pbc.gov.cn/diaochatongjisi/116219/116227/index.html。

② 北京大学企业大数据研究中心：《中国小微经营者调查 2021 年四季度报告暨 2022 年一季度中国小微经营信心指数报告》，https://assetsfarm.oss – cn – beijing.aliyuncs.com/PDF/osome_ report_ 2021Q4.pdf，2022 年 1 月 22 日。

46.5%的受调查小微经营者表示，市场需求不足是其面临的主要经营困难，其中消费服务业和商务服务业面临市场需求不足的压力更大。近一半（46%）受调查的小微经营者第四季度营业收入低于 2.5 万元，约 1/4（27.2%）的小微经营者净利润率为负，另有近两成（19.1%）的小微经营者仅盈亏平衡。

三　市场竞争环境有待改善

1. 隐性门槛制约中小微企业有序进入市场

当前我国虽然已全面实施市场准入负面清单制度，但清单外部分经营效益好或者市场前景好的行业和垄断行业，仍存在违规设立准入许可或者设置隐性门槛等"名松实严"的情况。清单内的准入限制依然较多，与清单相关的行政审批事项繁多、程序复杂、时间过长、过程不透明，"准入不准营"问题依然突出[①]。简化市场主体的登记制度虽已有效实施，但在市场准入方面存在将上级精神生搬硬套，对待中小微企业层层加码的问题。

2. 法治保障力度仍然不足

报告显示[②]，当前我国对中小微企业的侵权行为仍时有发生，中小微企业权益保护力度仍需加大。在司法实践当中，个别法院穷尽手段拖延立案的现象仍屡见不鲜，诸如违法行政、低效行政和监督缺失等背离法治的现象普遍存在，影响对企业的法治保

[①] 黄钰钦、梁晓辉、蒋涛：《全国人大常委会会议：中小企业市场准入仍存隐性壁垒》，中国新闻网，2019 年 6 月 26 日。

[②] 工业和信息化部中小企业发展促进中心：《2021 年度中小企业发展环境评估报告》，https://www.chinasme.org.cn/1493/202206/14559.html，2022 年 6 月 9 日。

障，对中小微企业发展构成障碍。

3. 市场公平竞争程度仍需进一步提升

当前部分招标采购活动违规设置"高门槛"，阻挡了中小微企业合法参与公平竞争。一些平台企业利用资本、数据和技术的优势进行无序扩张，取得非对称竞争优势，同时利用其优势和垄断地位乱收费、高收费、变相收费、附加不合理交易条件，不断蚕食中小微企业和个体工商户的利润空间，严重损害了中小微企业和个体工商户合法权益，挤压了它们的生存和发展空间。

四　涉企政策落实落细仍待加强

1. 扶持政策宣贯不到位

疫情发生以来，中央和地方多措并举，出台了一系列政策，不断加大对各类市场主体的支持力度。但一些地方政府主要通过自身的网站、新闻、公众号渠道等发布帮扶政策消息，很多中小微企业往往不能第一时间获知。同时，多数地方政府部门网站上没有专门的版面进行政策汇总，导致企业难以"一目了然"筛选出适用的政策。有调研显示①，仅 7.7% 的小规模企业对政府的支持政策表示"非常了解"，远低于中央企业和地方国企。针对中小微企业融资政策了解程度的调查也显示，企业规模越小，越对金融支持政策"不了解"或"不知该如何申请"，微型企业出现这两种情况的比例较中型企业要高出 21%。由于政策发布渠道分

---

① 中国企业改革与发展研究会：《调查：我国个体工商户、民营企业受疫情冲击最为严》，https://baijiahao.baidu.com/s? id = 1662400101142229620&wfr = spider&for = pc，2020 年 3 月 28 日。

散，内容难以直观理解，中小微企业需要由专人付出较长的时间才能汲取到有用信息，而由于这些企业可支配的时间成本和人力资源有限，没有多余的时间了解相关政策，自然享受不到政策"福利"。

2. 政策落实不平衡现象较为突出

调研显示[1]，总体来看，我国有超过 50% 的企业享受到了减税政策，超过 23% 的企业享受到了社保减免优惠，覆盖面仍有待提高，且不同行业、不同地区之间，优惠政策的覆盖率仍存差异，如建筑业、制造业享受到税收优惠占比分别达 62.2%、61.1%，但零售业、居民服务业税收优惠享受情况占比不足 50%；东北地区享受减税政策的企业占比较少（45.1%），而其余地区占比在 53% 左右。不少地方政府为刺激消费、促进经济恢复而选择了发放消费券，但很多地方消费券都统一在几个大型消费平台上发放，小微企业往往难以享受到相关支持政策。

3. 支持政策针对性不足

相关政策更多强调普适性，对规模较小的企业针对性不足，造成部分政策对中小微企业的支持力度有限，如"稳岗稳就业"政策对多数企业起到了较强的支持作用，但对于那些雇员较少甚至没有雇员的微型企业来说，政策效果就很弱。此外，部分涉企政策间协调机制不完善，个别政策执行中出现"一刀切"现象，误伤中小微企业。

---

① 张大伟：《后疫情时代小微企业面临的主要问题及政策建议》，《清华金融评论》2021 年第 6 期。

五 企业创新和数字化转型动力不足

中小微企业数量大、市场敏感度高、机制灵活，是我国创新发展的重要源泉。近年来，中小微企业创新取得了积极的进展，对新一代信息技术应用能力也有一定提高。专利数据显示，2011 年我国中小微企业相关知识产权的申请数量占全国申请总量的 70%，2020 年这一占比达到 74%，上升 4 个百分点。众多中小微企业里也涌现出一批"专精特新"企业。2021 年 11 月工业和信息化部公布的数据显示，我国"小巨人"企业数量共有 4762 家，其中包括 1832 家国家级"专精特新""小巨人"企业和 596 家单项冠军企业。但是，大多数中小微企业在创新升级上仍面临困难，制约其走上高质量发展之路。一方面是创新基础投入不足。我国中小微企业创新活力与大型企业间的差距有扩大趋势。2021 年，大型企业中有专利申请行为的企业占其注册量的 20.78%，而中小微企业这一比例仅为 1.44%，且差距较 2020 年及 2019 年同期逐年拉大。目前我国中小微企业多处于产业链低端，实力薄弱，部分企业求稳意识强烈，担心研发创新带来的经营风险，一定程度上制约了其创新活动力度。同时由于规模小、实力弱，中小微企业对创新人才投入有限，创新队伍建设能力不足。从研发岗位需求量看，2021 年中小微企业研发技术类岗位招聘占比为 13.34%，而大型企业招聘占比为 22.26%，相差较大，且差距呈持续扩大趋势。从研发人员吸引力看，中小微企业研发技术人员平均薪资长期低于大型企业，月薪差距超过 1000 元。2020 年末一项面向 6802 家企业的调查显示①，晋升空间小、薪资水平低和稳定性差成为阻碍中小微企业吸引人才的主要因素，员工对于这三种因素的不满意占比分别高达55%、48%和42%。中小微企业在创新人才吸引力与创新队伍建设水平上的不足，将在一定程度上制约企业创新能力的提升。另一方面，企业数字化进退维谷、有心无力。研究显示②，2021年我国79%的中小微企业尚处于数字化转型的初步探索阶段，12%的中小微企业处于数字化转型应用践行阶段，对核心装备和业务数据进行数字化改造；仅有9%的中小微企业处于数字化转型的深度应用阶段。虽然广大中小微企业迫切希望通过数字化转型提升生产效率和提高产品质量，但普遍面临"不会转""不愿转""不能转""不敢转"等问题。首先，中小微企业整体数字化水平较低，调研显示，2021年超过60%的中小微企业数字化设备连接率低于40%，近50%的中小微企业信息系统覆盖率低于40%，转型关键基础能力不足③。转型工具也相对单一，还简单停留在单纯的软硬件应用阶段，难以依靠自身实现数字化转型。其次，数字化转型需在软硬件购买、系统运维、设备升级、人才培养等方面持续投入大量时间和资金，可谓投入大、壁垒高。持续反复的疫情导致许多中小微企业营业收入大幅下降，自身经营本就面临较大资金压力，即使意识到转型的必要性也往往"心有余而力不足"。最后，2020年突发的疫情对中小微企业数字

---

① 智联招聘：《后疫情时代小微企业现状研究》，2020年12月26日。
② 中国电子技术标准化研究院：《中小企业数字化转型分析报告（2021）》，http://www.cesi.cn/images/editor/20220505/20220505170438288.pdf，2022年5月9日。
③ 刘艳：《工业互联网：走深向实，助力数字经济发展》，《科技日报》2021年3月11日。

化转型形成了一定的倒逼作用，将很多中小微企业推到数字化转型的快车道。但随着疫情好转，许多短期应急性数字化需求快速回落，一些中小微企业面对数字化转型犹豫不决，既担心前期投入"半途而废"，又担心继续投入"白花钱"。还有部分企业存在数据安全顾虑，担心联网上云的过程中生产、经营、研发数据被相关监管部门或竞争对手获取，会影响企业生产经营效益或导致商业机密泄露，从而"不敢转"。

第六章

推进中小微企业高质量发展的建议

当前，国际环境更趋复杂严峻，国内疫情散发多发，我国经济复苏面临多重不确定性，中小微企业活力恢复仍存较大压力。想要为中小微企业发展注入更多信心和底气，既要有"雪中送炭"的帮扶，也要有"添砖加瓦"的培育，从而更加科学、精准地助力企业复元气、添动力、强活力。对一些尚处于恢复期的企业来说，着眼于解决实际问题的政策措施尤为关键。为解决当前中小微企业面临的资金流吃紧、生产经营承压、竞争环境待改善、政策落地实施难、创新转型存障碍等痛点堵点，本章利用大数据技术抓取、梳理了共计18.6万条相关领域专家观点，归纳建议如下。

一 统筹协调、多方合力，提升政策的精准性、高效性

1. 加强政策宣介解读，确保惠企政策精准、直达、快享

优惠政策年年更新，如何抓住政策利好的"风口"享受优惠是许多企业关注的重点。许多企业对新出台的政策不了解、未听闻。因此，财税、金融等相关部门有必要在政策出台的前期进行媒体宣传、召开政策"吹风会"与"发布会"等，帮助企业及时掌握政策风向。政策发布后，有关部门可以侧重于实施个性化定向辅导，结合前期宣传过程中纳税人反映集中的问题，细致梳理、深入分析，做好有针对性的答疑解惑、拾遗补阙，为中小微

企业享受政策优惠提供帮助。

2. 细化政策执行细则，建立快速反馈通道

地方政府部门需要主动"跨前一步"，瞄准中小微企业"急难愁盼"，加快将《扎实稳住经济的一揽子政策措施》等一系列助企纾困政策落实落细。建立财税、发改、金融等多部门联动机制，细化各职能部门分工、明确主体责任，保持政策的连续性、稳定性，逐条制定切实可行的实施细则和行动方案，简化办理流程，加快办理进度，同时对申报错误或应享未享政策企业及时提醒；设立中小微企业咨询服务等平台，增设反映问题的专门入口，打通中小微企业掌握政策、了解信息、反映问题的"快速通道"，确保应享尽享。

3. 开展监督检查"护航行动"，为政策落实"最后一公里"保驾护航

压实地方属地和部门监管责任，在政策出台后紧盯惠企财税政策、金融政策、降本减负政策和复工复产激励政策兑现落实情况，精准监督；严格执行《保障中小企业款项支付条例》，对机关、事业单位、国有大企业拖欠中小微企业账款要依法查处并严肃问责；严查部门敷衍了事、虚假应付等情况，防止地方政府乱收费、乱罚款、乱摊派的反弹；通过各监管部门的有效联动，让中小微企业切切实实享受到政策红利。

二 提早发力、精准帮扶，守护中小微企业资金"命脉"

1. 减税降费政策要更加精准有力

根据经济运行情况，对陷入困境的行业、需要支持的活动和倡导的行为给予更大力度的税收优惠，进一步加大留抵退税等税收优

惠政策落实力度，扩大中小微企业相关的税收优惠覆盖面，对制造业中小微企业实现的企业所得税和国内增值税、国内消费税及随其附征的城市建设维护税，以及个体工商户、个人独资和合伙企业缴纳的个人所得税实行阶段性税收缓缴，继续实行中小微企业融资担保降费奖补。针对疫情期间中小微企业房屋租金、水电费减免等重点关切领域，探索政府、业主、中小微企业的成本共担机制，加大对企业支持力度，减轻企业负担，帮助企业渡过难关。

2. 持续加大对中小微企业金融支持力度

增加普惠中小微企业贷款，增加中小微企业首贷、信用贷、续贷、中长期贷款，提升首贷、信用贷占比，推动银行对重点领域的中小微企业加大支持力度。健全银行"敢贷、愿贷、能贷、会贷"长效机制，完善金融机构发放中小微贷款绩效考核、尽职免责等规定。支持金融机构发行中小微企业专项金融债券。构建全国一体化融资信用服务平台网络，加快推动信用信息共享；鼓励金融机构通过大数据、区块链等金融科技手段，提高贷款效率，创新风险评估方式，拓宽中小客户覆盖面；引导城商银行、农商银行、农村信用社等中小金融机构向中小微企业延伸开拓专项业务；扩大面向中小微企业的政府性融资担保业务规模，降低担保成本。

三 优化服务、加强监管，以完善的市场体系增强企业发展信心

1. 加强审批服务标准化建设，筑牢营商环境"基石"

对审批服务事项开展"四减一优"工作，在审批所需提交的材料、所用时限、环节、费用、流程等方面做到能简则简、提高

效率、降低准入门槛,为中小微企业营造透明、公平、可预期的营商环境。加快涉及审批服务的政策、法律法规的修订,为地方政府优化营商环境改革创造良好的政策环境,提高营商环境建设的法治化水平,在法律层面给予中小微企业强有力支撑。

2. 大力推进"互联网+政务服务"

建设国家、省、市三级互联的网上政务服务平台体系,制定网办清单,推动审批服务事项"应上尽上、全程在线、一次登录、全网通办",提高政务服务便捷性,降低中小微企业的成本。

3. 增强市场预期,助力企业高质量发展

完善涉企政策制定执行机制,增强涉企政策的连续性、稳定性。进一步拓宽市场信息获取传导渠道,协调供需平衡,综合生产、运输、仓储、分配、销售等各商品流通环节的信息,促进中小微企业生产、运营、物流、销售、消费等各环节资源的顺利流动,减少因决策失误所造成的无效损耗,拉动相关产品和服务消费,促进中小微企业生产经营实现良性循环。

四　扩大内需、促进消费,多措并举拓展中小微企业市场需求

1. 夯实促进消费回补和稳定增长的基础

加强统筹协调和政策联动,提高各项政策落地转化效率和实现救助合力,为扩大消费和促进消费释放回补奠定坚实基础。稳定消费预期和信心,保证收入保障政策、消费政策的延续性,通过多种方式加大基本民生保障,稳定消费者和市场主体预期。稳步推动收入分配制度改革,利用税收调节财富在社会中的二次分配,提高劳

动者收入，不断健全灵活就业者保护制度，增强居民消费能力。

2. 大力支持和引导消费转型升级

积极拓宽消费渠道，鼓励国产品牌加快数字服务能力建设，鼓励利用多种新消费渠道培育品牌、拓展市场。加快培育形成一批新型消费示范城市和样板中小微企业，提高新消费模式对各年龄层、不同收入水平消费者的宣传普及性、体验友好性和使用便利性。提高国内市场高端消费能力，推动免税市场创新发展，提高国内市场对高端消费的承载力和吸引力。鼓励新型服务消费加快向线上转移，加快传统线下零售和电商平台、支付平台、数字技术企业的合作融合。

3. 多渠道积极拓展城乡消费

围绕国家重大区域发展战略，优化全国消费区域格局，推动形成梯次发展、衔接互动、优势互补并覆盖全国大市场的消费地区格局。重点打通农村消费堵点，健全县、乡、村三级电子商务服务体系和快递物流配送体系，提升电商、快递进农村综合水平和农产品流通现代化水平。进一步提升农村现代化服务水平，推动农村产品和服务品牌化、标准化、数字化、产业化改造，引导现代服务向农村延伸拓展。

五　创新驱动、数字赋能，助力中小微企业加快转型升级

1. 助力中小微企业加快数字化转型步伐

推动"专精特新""小巨人"和制造业单项冠军企业量质齐升，发挥数字化转型引领示范作用。鼓励"企业出一点、服务商让一点、政府补一点"，多渠道降低中小微企业数字化转型成本。鼓励信息技

术企业面向中小微企业提供普惠算法和算力，降低中小微企业获取和使用数字化资源的门槛。加大力度推动中小微企业数字化转型人才队伍建设，加强龙头企业、中小微企业经营管理者的数字化转型培训；引导平台企业根据中小微企业数字化转型需求研制个性化、差异化的解决方案，提升中小微企业数字化转型产品服务供给水平。

2. 推动大中小微企业融通创新

鼓励企业牵头组建创新联合体，鼓励大型企业带动更多中小微企业融入供应链创新链，支持更多"专精特新""小巨人"企业成长。以产业园、示范区等为集群优势，降低中小微企业入驻产业园、示范区准入门槛，对园区内基础设施、标准化厂房和公共服务平台建设给予支持，为中小微企业创新发展提供良好环境。支持中小微企业参与科技成果交易会，促进中小微企业增加与顾客和其他商业主体之间的互动交流，重构商业活动应用场景，创造新需求和新价值，加快科技成果转化。

3. 加大对中小微企业创新发展的服务支持力度

设立中小微企业创新发展专项资金，鼓励中小微企业提高创新经费投入，引入基金等市场机制配置资源，引导金融机构降本让利，降低各类中小微企业创新性贷款利率，带动社会资本共同支持中小微企业创新发展。为企业吸纳科技成果提供专业化服务，支持专业化技术转移服务机构建设，建立面向中小微企业的技术转移枢纽平台，扩大技术储备。进一步完善新技术和新产品的标准体系和知识产权保护制度，引导中小微企业做好知识产权布局与管理，挖掘专利价值，应对专利风险，突破专利壁垒，参与关键领域的标准制定，抢占细分领域的头部市场。

下　篇

第七章

中小微企业融资状况分析

"融资难、融资贵"问题一直是困扰中小微企业发展的一大难题。本章围绕中小微企业融资状况进行探究，分析其融资现状、面临的主要问题，并提出有针对性建议。

一 中小微企业融资现状

近年来，我国高度重视中小微企业融资问题，中央和地方出台了一系列文件，持续加快推进中小微企业融资扶持计划。2021 年 7 月，中国人民银行印发《关于深入开展中小微企业金融服务能力提升工程的通知》。同年，国务院先后发布《关于进一步加大对中小企业纾困帮扶力度的通知》《加强信用信息共享应用促进中小微企业融资实施方案》等文件，提出加强再贷款再贴现、加大信用贷款投放等政策工具精准"滴灌"中小微企业。李克强总理在 2022 年政府工作报告中强调，要进一步推动破解中小微企业融资难题。在国家政策的大力支持下，中小微企业融资环境得到了明显改善。

（一）从融资供需看：供给规模增加，贷款需求仍需进一步满足

资金是企业的生命线，是企业经济活动的重要推动力。有效融资能为企业发展注入更多可用资金，有助于企业扩大经营规模、提

高产品知名度、增强产品竞争力。同时，对于中小微企业而言，其经营极易受到外部环境变动的冲击，这也是中小微企业具有较强融资贷款需求的重要原因。在突袭而至的新冠肺炎疫情冲击下，大宗商品价格普遍上涨、原材料成本大幅攀升、国际航运价格飙升、出口严重受阻。在多种因素的综合影响下，产业链上下游成本利润分化明显，中下游行业和中小微企业受自身实力与议价能力影响，经营成本急剧攀升，企业资金压力日益加重，融资需求迅速上升。

近年来，我国不断加强金融对实体经济的有效支持，大力推进普惠金融发展，努力解决中小微企业"融资难、融资贵"难题，并取得了显著进展。2017 年底，我国国有企业资产负债率平均是 60.4%，民营企业资产负债率是 51.6%；随着改善中小微企业融资相关政策的落实，2021 年底，国企平均负债率为 57.1%，民企平均负债率为 57.6%，民企杠杆率已经反超国企①，这表明有更多中小微企业获得了融资。

从中小微企业融资规模看，我国小微企业贷款余额不断增加，贷款持续实现"增量"。中国人民银行数据显示，银行业金融机构用于小微企业贷款余额的规模保持递增趋势，全国小微企业贷款余额规模自 2017 年的 24.3 万亿元增长到 2021 年的 50 万亿元（见图 7-1）。其中，普惠小微贷款余额规模也呈增加态势（见图 7-2）。2017 年以来普惠小微贷款余额逐年上涨，由 2017 年的 6.78 万亿元增长至 2021 年的 19.23 万亿元，增长 1.8 倍多；

---

① 石睿：《黄益平：中小微企业"融资难"比"融资贵"更值得关注》，中国新闻网，2022 年 3 月 16 日。

普惠小微贷款余额增速总体保持两位数增加，2017～2021年平均增速约为24.0%。除2017年外，普惠小微贷款余额增速均高于当年金融机构人民币各项贷款增速。

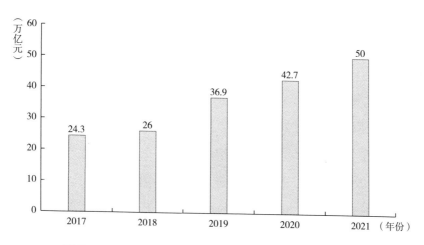

图7－1　2017～2021年全国小微企业贷款余额规模

数据来源：中国银行业协会发布的2017～2021年《中国银行业服务报告》。

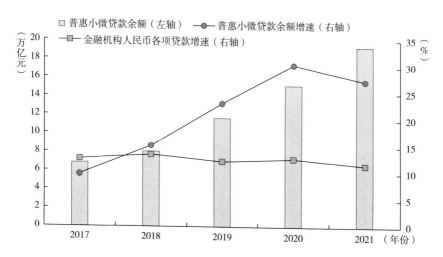

图7－2　2017～2021年普惠小微贷款余额规模及增速

数据来源：中国人民银行公布的各年《金融机构贷款投向统计报告》。

从普惠小微贷款授信面看，普惠小微贷款覆盖范围不断扩大，覆盖户数持续增加。2017 年以来，普惠小微贷款授信户数逐年上涨，由 2017 年末的 1350 万户增加至 2021 年末的 4456 万户，覆盖范围扩大约 2.3 倍，各年增速虽有波动，但均保持两位数的高增长趋势（见图 7 - 3）。普惠小微贷款的授信户数持续增加使得受益的小微企业主体持续扩大，有更多的企业享受到融资服务。2021 年初，银保监会发布的《关于 2021 年进一步推动小微企业金融服务高质量发展的通知》指出，覆盖小微企业融资供给"空白地带"，努力实现全年新增小型微型企业"首贷户"数量高于上年。2021 年末，普惠小微贷款授信户数达到新高，全年增量约 1228 万户，高于 2020 年度的增量 524 万户，年末普惠小微贷款的授信面约 29.8%，顺利完成目标。

虽然近年来我国中小微企业贷款规模逐年增加，融资情况得到有效改善，但中小微企业的贷款需求仍有较大部分未获满足，

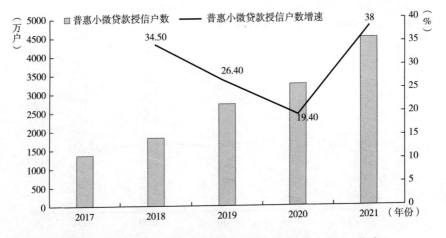

图 7 - 3　2017～2021 年普惠小微贷款授信户数及增速

数据来源：中国人民银行公布的各年《金融机构贷款投向统计报告》。

需要进一步畅通资金"活水",扩大中小微企业融资规模与受益范围。以中国小微企业的 GDP 占比、税收占比为基准,以中国大中型企业的融资情况为目标,估算认为小微企业的贷款空间预计分别为 2020 年末实际贷款余额的 2.3 倍、1.5 倍,未来仍有较大增长空间①。

从资金需求满足程度看,中小微企业的贷款需求指数居高位,贷款需求有待满足。中国人民银行调查数据显示②,2017~2021 年我国中小微企业贷款需求指数均高于大型企业贷款需求指数,其中,小微企业贷款需求指数远高于大型和中型企业贷款需求指数,2021 年末小微企业融资需求指数为 70.5%,而大型企业贷款需求为 57.1%,这反映了不同规模企业获得贷款的难易程度仍有较大差别。从时间维度看,自疫情发生以来,我国企业的贷款需求明显增强,所有企业的贷款需求指数均有不同程度上升,其中小微企业贷款需求尤为强烈,上升幅度最大,贷款需求指数由 2020 年第一季度的 68.6% 上升至 2020 年第二季度的 78.6%,上涨了 10 个百分点,随后回落至 2021 年第四季度的 7.5% (见图 7-4),可见新冠肺炎疫情使得小微企业和个体的资金需求激增。为进一步纾解中小微企业"融资难、融资 困境,仍需加大对中小微企业贷款的政策支持,特别是要 所增加小微企业贷款规模,实现小微企业贷款持续"增量扩 。

---

① 艾瑞咨询:《2021 年中国中小微企业融资发展行家问卷调查报告数据》, http://www.pbc.gov.cn/diaochatongjisi/116219/11

② 数据来源:2017~2021 年中国人民银行调查. html。

2021 年 11 月 15 日。

需要进一步畅通资金"活水"，扩大中小微企业融资规模与受益范围。以中国小微企业的 GDP 占比、税收占比为基准，以中国大中型企业的融资情况为目标，估算认为小微企业的贷款空间预计分别为 2020 年末实际贷款余额的 2.3 倍、1.5 倍，未来仍有较大增长空间[①]。

从资金需求满足程度看，中小微企业的贷款需求指数居高位，贷款需求有待满足。中国人民银行调查数据显示[②]，2017 ~ 2021 年我国中小微企业贷款需求指数均高于大型企业贷款需求指数，其中，小微企业贷款需求指数远高于大型和中型企业贷款需求指数，2021 年末小微企业融资需求指数为 70.5%，而大型企业贷款需求为 57.1%，这反映了不同规模企业获得贷款的难易程度仍有较大差别。从时间维度看，自疫情发生以来，我国企业的贷款需求明显增强，所有企业的贷款需求指数均有不同程度上升，其中小微企业贷款需求尤为强烈，上升幅度最大，贷款需求指数由 2020 年第一季度的 68.6% 上升至 2020 年第二季度的 78.6%，上涨了 10 个百分点，随后回落至 2021 年第四季度的 70.5%（见图 7 - 4），可见新冠肺炎疫情使得小微企业和个体户的资金需求激增。为进一步纾解中小微企业"融资难、融资贵"困境，仍需加大对中小微企业贷款的政策支持，特别是要不断增加小微企业贷款规模，实现小微企业贷款持续"增量扩面"。

---

① 艾瑞咨询：《2021 年中国中小微企业融资发展报告》，2021 年 11 月 15 日。
② 数据来源：2017 ~ 2021 年中国人民银行调查统计司银行家问卷调查报告数据，http://www.pbc.gov.cn/diaochatongjisi/116219/116227/index. html。

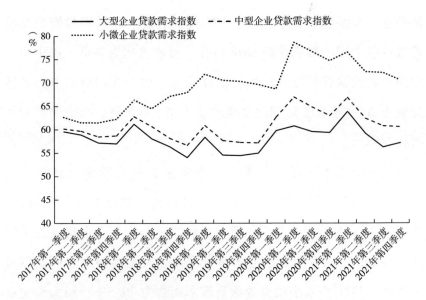

图 7 - 4   2017～2021 年不同企业规模的贷款需求指数

数据来源：中国人民银行统计司。

（二）从融资渠道看：银行融资为主要来源，直接融资发展缓慢

随着金融市场改革持续深化，我国中小微企业的融资渠道也得到了不断扩展，除了银行借款等间接融资方式，部分中小微企业也在逐步尝试拓展股权融资和债权融资等直接融资方式。但是，由于我国金融市场目前还是以银行融资，特别是大型商业银行融资的间接融资方式为主，故中小微企业的融资主要来源还是银行贷款。

从间接融资来看，大型商业银行和农村金融机构成为中小微企业当前的主要融资来源。2019 年以来，中小微企业 65% 左右的银行贷款来源于大型商业银行和农村金融机构（见图 7 - 5），其中，大型商业银行的占比从 2017 年第一季度的 24. 82% 上升到 2021 年第四季度的 34. 37%。这得益于近年来国家不断加大对中小微企业的金融服务力度，鼓励大型商业银行充分发挥助力中小微企业融资的"领头羊"作用，放贷规模有所增加。但同时，因大型商业银行的"挤出效应"，其他金融机构的放贷比重均有所下降。农村金融机构放贷比重下降幅度最为明显。从具体的统计口径来看，自 2019 年开始，中国银行保险监督委员会对农村金融机构的统计从农村商业银行扩展为农村商业银行、农村信用社、农村合作银行和新型农村金融机构，其普惠金融贷款规模占比从 2019 年的 39.30% 下降到 2021 年的 31.74%。2019～2021 年城市商业银行和股份制商业银行放贷比重也均下降约 1 个百分点。

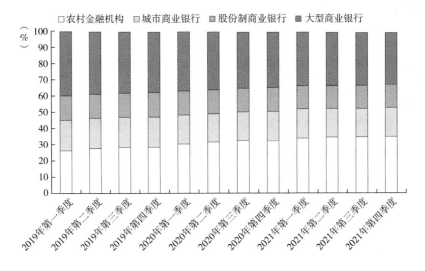

图 7-5　2019～2021 年银行业普惠小微企业贷款结构

数据来源：中国银行保险监督委员会。

从直接融资来看，中小微企业直接融资规模有所收紧，增速有所放缓。在股权融资方面，中小微企业新三板挂牌交易数量（见图 7-6）和融资金额（见图 7-7）整体呈现下降趋势。中小微企业挂牌数量在 2017 年达到最高值（11630 家），此后逐年减少。

截至 2021 年底，中小微企业新三板挂牌上市企业数为 6932 家，较 2017 年减少了 4698 家，年均下降幅度为 12.13%；融资金额也大幅度缩水，从 2017 年的 1336.25 亿元下降到 2021 年的 259.67 亿元，年均下降幅度为 33.61%。

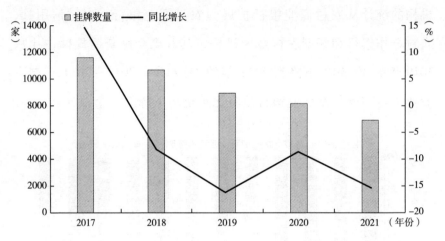

图 7 - 6　2017 ～ 2021 年中小微企业新三板挂牌交易数量

数据来源：全国中小企业股份转让系统。

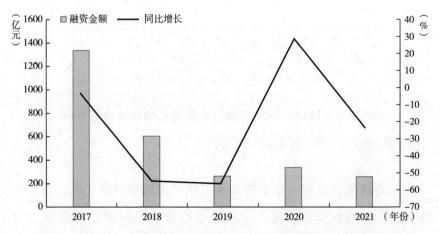

图 7 - 7　2017 ～ 2021 年中小微企业新三板挂牌交易融资金额

数据来源：全国中小企业股份转让系统。

在债权融资方面，中小微企业私募债发行数量及规模总体也呈波动态势。2017 年以来，中小微企业私募债发行数量先下降后上升，2018 年大幅度下降，从 302 只下降到 158 只，后接连回升至 2021 年的 276 只，但是始终没有恢复到 2017 年的水平。同时，中小微企业私募债发行金额整体下降，2018 年由于发行债券数量大幅度下降，发行金额也大幅缩水，2020～2021 年小幅度下降（见图 7-8）。对比其他公司信用债，中小微企业私募债增速缓慢，发行规模增长速度整体表现不及公司债和企业债。2017～2021 年，中小微企业私募债发行规模的平均增长速度为 -4.78%，公司债发行规模平均增速为 35.15%，企业债发行规模平均增速为 7.73%，在三类公司信用债平均增速中排名最后。尽管在 2021 年中小微企业私募债发行规模增速超过公司债，达到 16.95%，但距离企业债发行规模增速 34.69% 尚有较大差距（见图 7-9）。

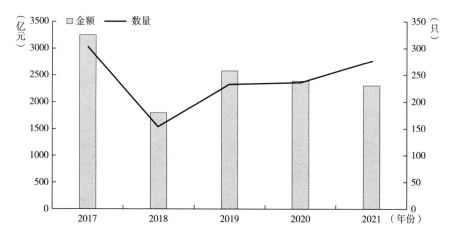

图 7-8 2017～2021 年中小微企业私募债发行规模

数据来源：中国证券登记估算有限公司。

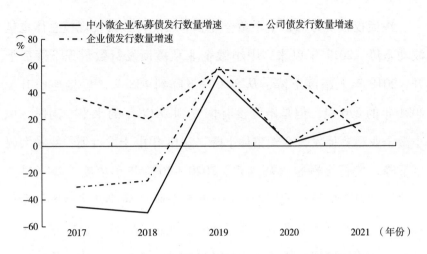

图 7 - 9　2017 ~ 2021 年企业信用债发行数量增速

数据来源：中国证券登记结算有限公司。

（三）从融资成本看：贷款利率显著下降，但综合融资成本依然较高

利率是资金的价格，是重要的宏观经济变量，决定着金融资源配置的流向。近年来，我国积极推进中小微企业贷款利率下降，鼓励银行让利中小微企业。自 2018 年以来，普惠小微企业贷款利率整体呈现持续下降趋势，从 2018 年的 7.34% 下降到 2021 年的 5.69%（见图 7 - 10）。特别是 2020 年疫情以来，银行让利小微企业更为明显，2020 年新发普惠小微企业贷款利率同比下降将近 1 个百分点，降幅明显。

然而，在中小微企业贷款利率显著下降的同时，中小微企业的融资综合成本依旧较高。除了贷款利率是中小微企业融资成本中最重要的组成部分，中小微企业的融资成本还包括：借贷的各类附加费用，即从金融机构借款所需购买保险、存款、理财、审计评估等其他费用；借贷的操作成本即配合金融机构尽调、整理和递交资料、开户、还款等操作成本；借贷的还款成本，即企业在续贷期间所产生的过桥资金成本与准备还款期间的资金限制成本。

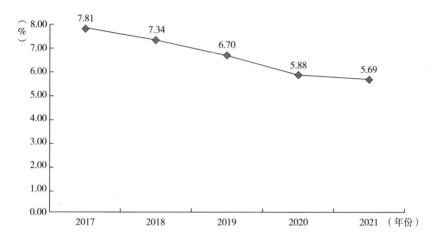

图 7 - 10　2017～2021 年普惠小微企业贷款利率

数据来源：中国人民银行。

二　中小微企业融资面临的主要困难

（一）企业自身发展制约

一是中小微企业规模小、经济实力薄弱，缺乏相应的抵押担保。截至 2021 年，我国中型和小微型企业的平均寿命分别为 4.98 年和 5.05 年。中小微企业过短的生命周期导致银行对其信任度较低，导致"贷款歧视"现象。同时，中小微企业普遍资产规模小，多数企业难以提供合格的抵押、质押和担保物，难以形成充分有效的贷款增信，导致银行等金融机构惜贷或通过提高融资成本以实现风险补偿。二是中小微企业经营状况不透明，财务管理不规范，信用评估相对困难。很多中小微企业没有建立完善的现代企业管理制度，财务管理不规范、不透明。中小微企业的财务报告往往难以得到外部审计，外部难以了解真实的经营水平和财务状况，进而难以评估其未来发展潜力和偿债能力，导致银行不愿贷。金融机构、企业之间信息不对称，严重影响中小微企业的融资条件，增加了融资难度。

（二）银行放贷经营管理模式制约

一是中小微企业贷款业务难以覆盖银行成本。传统银行信贷业务流程相对烦琐，需要对中小微企业进行资产、经营能力、担保人等信息的考察和审核。而中小微企业财务信息对外披露机制不规范、信用信息获取不易，导致银行对其发放贷款前收集信息、调研、分析、决策等产生的成本比大型企业更高，且中小微企业的银行贷款单笔收益较少，导致银行放贷给中小微企业的动力不强。二是银行信贷监管严要求与中小微企业贷款特性不匹配。传统银行信贷业务风险监管较为严格，而中小微企业自身实力有限，经营不确定性较高，企业存活期限较短，贷款风险较大型企业而言更高，贷款不良率更易上升，银行会面临风控模式与普惠金融要求难以匹配的问题。三是金融服务对中小微企业的适配程度不够。银行现有放贷业务模式无法充分契合中小微企业融资"抵押少、时间急、额度小、频率高"的特点，审批环节过多，往往难以及时满足中小微企业的需求，中小微企业在融资过程中面临着信贷决策过程迟缓的问题。

（三）融资担保机制制约

一是政府性融资担保机构支持能力不足。为了解决中小微企业的贷款抵押物不足问题，提升信贷可获得性，我国各级地方政府建立了具有准公共产品性质的政府融资担保平台。但是，我国政府性融资担保起步晚、规模小、覆盖面窄。截至2020年，我国政府融资平台共有2000余家，但2020年全国政府性融资担保余额占小微企业贷款余额的比重仅为2%左右，担保户数占小微企业户数的比重在1%左右，表明政府性融资担保体系作用发挥仍不够充分，尚未充分为中小微企业提供服务[①]。此外，政府性融资平台的管理模式也制约其对中小微企业提供金融服务水平的提高。政府性融资担保机构受金融监管部门、财政部门和组织部门等部门"多头监管"，考核激励导向也侧重于国有资产的保值增值和经营盈利等指标上，导致部分政府性融资担保机构倾向于"以商补政"，更愿意开展债券融资担保等商业担保业务，聚焦中小微企业金融信贷服务的职能有待进一步释放。二是民营融资担保机构服务能力不足。我国在业或存续的融资担保机构数量远小于同期我国中小微企业的总体规模，大部分中小微企业无法享受其提供的融资担保服务。且民营担保机构作为营利性机构，在为中小微企业提供融资担保时，会向中小微企业收取高额担保贷款保证金甚至截留部分贷款用于投资，以降低自身的担保风险，这也提高了中小微企业的融资担保门槛。

[①] 马梅若：《全国政协委员殷兴山：充分发挥政府性融资担保作用 进一步提升小微金融服务质效》，《金融时报》2022年3月11日。

（四）征信体系建设制约

一是信用服务规模无法满足市场需求。信用服务机构是社会信用体系建设的重要主体。中国人民银行数据显示，截至 2021 年底，我国完成备案或进行备案公示的征信机构共有 134 家，信用评级机构共有 54 家，与我国超过 1 亿的市场主体规模并不匹配。当前，我国信用服务机构规模整体偏小，市场主体培育不完善，其主要客户还是集中在传统金融机构，面向中小微企业的信用评级、增信等业务仍有待进一步拓展。二是企业征信信息孤岛抑制中小微企业融资可得性。近年来，我国积极探索企业信用信息平台建设，已经建立了"信易贷"等信用平台，包含各类中小微企业信用信息的金融基础数据库等平台，但目前的信用信息共享平台服务中小微企业融资需求水平还需进一步提高。2021 年 12 月发布的《国务院办公厅关于印发加强信用信息共享应用促进中小微企业融资实施方案的通知》中共列出 14 类共享信息需要进一步加强，其中不乏企业纳税情况、商标专利、不动产等贷款所需的重要信息。此外，由于各类信用平台数量多杂，平台间相互关联不够紧密，缺乏一揽子的综合信息平台，银行等金融机构获取中小微企业全面信息仍不便利，需要和多个部门对接，这无疑增加了银行等金融机构取证求证的成本，降低了为中小微企业提供放贷服务的积极性。

三　优化中小微企业融资的建议

（一）完善中小微企业自身信用

一是增强企业经营实力与信用意识。加强中小微企业经营管理能力，提升企业自身实力，提高企业抗风险能力和生存发展韧性，为金融机构发放贷款树立信心。培育中小微企业信用意识，督促企业稳健诚信经营，规范中小微企业社保、税收等缴纳行为，按时偿还贷款，持续累积可识别、可运用的信用信息，为融资创造良好的信用条件。二是完善财务管理结构和内部控制制度。注重财务管理制度化，加强自身经营核算管理，建立动态的资金管理制度。完善财务会计制度，规范各类财务数据、报表的收集与编制工作。提高财务人员的业务能力和工作水平，规范其财务管理工作流程。增加信息透明度，不断提高财务的信息质量，从而提高财务管理水平。

（二）创新银行信贷模式

一是不断创新银行信贷服务模式。依法扩大中小微企业的融资担保抵押物范围，不断推进金融创新，增加可抵押物的类别，将知识产权、商标权、应收账款、存货等纳入贷款审批条件。二是完善银行"敢贷、愿贷"机制。利用金融科技赋能，运用大数据、云计算、人工智能等新技术，从贷前的风险识别、贷中的风险评估到贷后的风险跟踪，构筑完善的风控体系。同时，进一步落实小微授信尽职免责制度，将尽职免责制度要求与绩效考核机制有机结合，明确界定基层员工操作规范，免除小微信贷从业人员的后顾之忧，提高基层信贷人员放贷积极性。三是引导鼓励金融机构积极创新开展中小微企业特色金融服务。持续推动普惠金融发展，积极建设和发展中小金融机构，引导城商银行、农商银行、农村信用社等中小金融机构业务向中小企业延伸。顺应中小微企业的发展需求，立足评估更加透明、贷款更加简化、放款更加快捷、还款更加灵活的要求，为中小微企业提供更有针对性、更加便捷的金融服务。

（三）完善融资担保机制

一是进一步推进政府性融资担保机构聚焦主业规范发展。发挥政府主导作用，引导政府性融资担保机构坚守融资担保主业，坚持准公共产品定位，释放中小微企业金融服务功能。进一步优化监管考核机制，将服务中小微企业数量、放大倍数、覆盖率、担保费率、首次担保比率等作为主要考核指标，并将考核指标与主要负责人员的薪酬待遇等挂钩，形成为中小微企业融资支持的服务导向。明确政府性融资担保机构"应保尽保"要求，管理部门应按照"应保尽保"原则，对政府性融资担保机构提出具体的操作流程和考核标准，督促其加大对银行推送的符合放贷条件中小微企业的担保力度。二是推动民营融资担保机构可持续发展。强化政策支持与引导，优化完善财政支持和激励政策，通过产业基金、财政税收优惠政策鼓励社会资本进入融资担保行业，扩大中小微企业融资担保行业规模，采取补偿资金、风险分担和再担保等措施，引导民营融资担保机构支持中小微企业，提升金融服务能力。加强监督管理，规范民营融资担保机构经营行为，通过监管部门、行业协会等主体，定期开展监督活动，严厉打击民营融资担保机构损害中小微企业利益行为，杜绝截留资金、挪用保证金等违规行为。

（四）建立健全社会信用体系

一是加快信用服务机构培育，激发市场活力。发挥政府和市场两方面的作用，以市场需求为导向，大力培育和发展种类齐全、功能互补、有公信力的征信服务机构，为社会提供多样化的征信服务，切实发挥征信服务金融运行、服务经济社会发展的作用。鼓励信用服务机构拓展应用场景，向中小微企业提供多样化的信用产品与服务。鼓励信用服务机构充分利用内外部信息资源，完善信用评价模型，实现对中小微企业的精准画像。二是完善中小微企业信用共建共享平台。健全信用信息归集共享机制，进一步扩大信息共享范围，打破部门间信息壁垒，降低金融机构获取数据的成本。

第八章
中小微企业创新能力分析

中小微企业数量大、活力强，是我国创新发展的重要源泉，也是推动国家经济发展的重要支撑。党的十九届五中全会明确提出，要支持创新型中小微企业成长为国家创新的重要发源地。在高质量发展的窗口期和关键期，中小微企业需要将创新作为经济高质量发展的第一驱动力，从科技更新、体制改革、人才吸纳、政策落实等各方面提升企业自身的创新能力水平，实现创新驱动发展。本章基于全国企业注册注销、网络招聘、专利申请、手机移动信令、互联网舆情等多源数据，专题分析中小微企业的创新能力状况。

一　中小微企业创新发展现状

（一）专利申请"质""量"双升

专利申请情况体现了中小微企业的创新活力与创新成果。总体来看，我国中小微企业专利申请量平稳快速增长，虽受疫情影响在2020年第一季度有所下降，但自2020年4月起，月申请量持续保持在20万件以上。2021年全年，我国中小微企业累计申请专利282.0万件，较上年同期增长41.5%，比疫情前的2019年同期增长210.3%。从总量占比看，中小微企业专利申请量占全国专利申请总量的比重近年来稳步提升，从 2019 年的平均 77.4% 提升至 2021 年的平均 80.7%，中小微企业在我国创新发展进程中扮演着日趋重要的角色（见图 8-1）。从专利类别看，2021 年上半年中小微企业专利申请中，技术含量较高的发明专利占比为 28.5%，与 2020 年同期的 29.2% 基本持平。

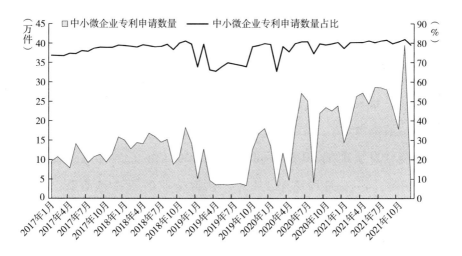

图 8-1　2017~2021 年中小微企业专利申请量及占比情况

（二）创新热情持续提升

在国家系列"双创"政策的大力支持下，中小微企业的创新参与度与创新热情不断提升。从参与创新企业看，有创新活动的中小微企业范围不断扩大。截至 2021 年 12 月，全国共有超113.90 万家中小微企业存在专利申请行为，占全部中小微企业数量的 1.44%，与 2020 年同期的 1.34% 及 2019 年同期的 1.26% 相比，占比有所提高。中小微企业的创新需要有技术类人才的驱动，从人才需求看，中小微企业研发技术类岗位招聘占比持续提升。2021 年我国中小微企业网络招聘中与研发技术类相关的岗位招聘量占全部招聘量的比重为 13.34% , 高于 2020 年的 8.0% 与 2019 年的 6.2% 。

（三）孵化器、众创空间等创新支撑环境持续优化

孵化器、众创空间等是支撑中小微企业创新发展的重要载体，近年来我国孵化机构稳步发展，服务中小微企业创新环境不断优化。从总量看，孵化机构数量稳步提升。截至 2021 年 12 月，全国共有存续的孵化器、众创空间 50636 个，较 2020 年 12 月增加了 9.83% ，呈逐年上升态势（见图 8 – 2）。从活力看，孵化机构活跃度持续增长。通过对全国有代表性的 100 个孵化器所在地人流量监测发现，全国孵化机构活跃度在 2020 年 12 月已恢复并超越疫情发生前的 2019 年同期水平，2021 年上半年活跃度均高于 100% ，4 ~ 6 月均高于 110% ，在孵企业经营日趋活跃，服务力度不断加大，但 2021 年 10 ~ 11 月的活跃度有所下跌，12 月活跃度再度开始回升（见图 8 – 3）。从舆论反响看，孵化机构舆论满意度稳居高位。数据显示，舆论对孵化器、众创空间服务创新

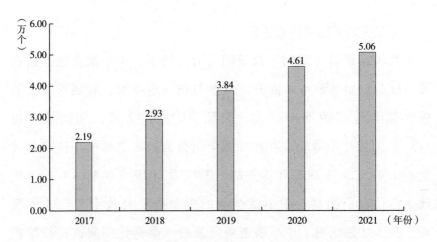

图 8 – 2　2017 ~ 2021 年我国孵化机构存续数量

创业主体水平的满意度保持较高水平，舆论满意度由 2020 年第一季度的 94.1% 上升至 2021 年第四季度的 97.2%，孵化机构对中小微企业创新的支撑作用得到了各界的广泛好评。

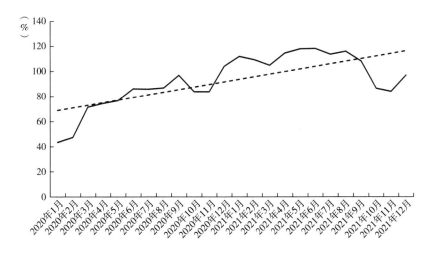

图 8 - 3　2020 ~ 2021 年我国孵化机构活跃度情况

二　中小微企业创新面临的主要问题

（一）创新实力弱：中小微企业创新基础不牢、实力偏弱，与大型企业差距仍在扩大

近年来，我国中小微企业创新活力与大型企业间的差距有扩大趋势。从创新企业占比看，2021 年我国大型企业中有专利申请行为的企业占其注册量的 20.78%，而中小微企业这一比例仅为 1.44%，且差距较 2020 年及 2019 年同期扩大。从平均专利申请数量看，2021 年，有专利申请行为的中小微企业平均每家申请 12.36 件专利，仅为同期大型企业平均申请专利（103.46 件）的 11.9%，且差距呈逐年扩大趋势。我国中小微企业多处于产业链低端，盈利能

力较弱、技术实力单薄，不少企业求稳意识强烈，担心研发创新失败带来的经营风险，这在一定程度上制约了其创新活动力度。从研发投入和维护资金看，78.2%的小微企业有研发投入，其中51.2%的企业研发投入实现增长，平均每家研发投入近300万元，同比增长22.4%，但小微企业多数利润微薄，难以支撑长期持续的研发投入，如88.9%的信息技术类公司有研发投入，但它们2018年上半年净利润中位数只有约20万元[①]。中小微企业研发投入资金相对不足、专利维护费用高，制约了企业创新实力的提升。从不同区域间企业创新状况看，江苏、广东等发达沿海地区中小微企业科技创新投入较高，而西藏、青海、宁夏等西部欠发达地区创新基础较为薄弱。科技创新投入差异在一定程度上会加大区域经济增长的差距，因此需重视不同省域之间中小微企业科技创新投入的区域平衡。

（二）人才差距大：中小微企业创新队伍水平与大企业差距日趋扩大

尽管中小微企业整体上持续加大创新队伍建设力度，但因其规模小、实力弱，其在创新队伍建设上与大型企业间的差距被持续拉大。从岗位需求量看，2021年全年中小微企业研发技术类岗位招聘占比平均为13.34%，大型企业研发技术类岗位招聘占比为22.26%，相差较大，且这一差距呈持续扩大的趋势（见图8-4）。可见，中小微企业对于研发技术类岗位的需求量尽管呈持续增长态势，然而其总量仍与大型企业有较大差距，且研发技术类人员

---

① 国务院发展研究中心宏观经济研究部、智联招聘：《后疫情时代小微企业现状研究》，https://www.sohu.com/a/440035665_/20330264，2020年12月23日。

投向中小微企业岗位的人数增长速度远低于其需求的增长速度，造成了人才结构和中小微企业创新需求的不匹配。从员工吸引力看，中小微企业研发技术人员平均薪资也长期低于大型企业，晋升空间小、薪资水平低和稳定性差成为阻碍中小微企业吸引人才的主要因素，员工对于这三种因素的不满意占比分别达 55%、48% 和 42%[①]。

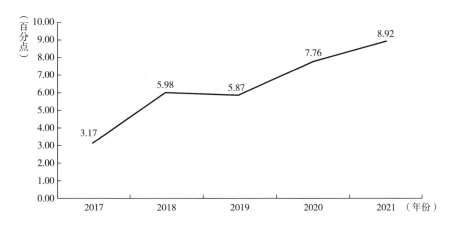

图 8-4　2017~2021 年大型企业与中小微企业研发人员招聘占比差距

（三）质押融资难：知识产权质押融资获取难、规模小

知识产权质押是支撑中小微企业创新融资和创新能力提升的重要途径，但受制于价值评估难、贷款风控难、权益处置难等因素，知识产权质押融资总体规模和单笔质押融资金额均受到限制。从总体规模看，2021 年，全国专利商标质押融资项目达 1.7 万项，融资金额达 3098 亿元，融资项目数和金额同比均有较大提升，惠及企

---

①　国务院发展研究中心宏观经济研究部、智联招聘：《后疫情时代小微企业现状研究》，https://www.sohu.com/a/440035665_/20330264，2020 年 12 月 23 日。

业1.5万家。但2021年全国社会融资规模增量累计为31.35万亿元，知识产权质押融资金额仅占0.99%，仍处于较低水平①。从单笔金额看，2021年，在北京、上海、广州、深圳等地的5000多家科技型创业企业中，获知识产权质押融资的企业仅有406家，且获融资的企业中有62.2%的企业单笔融资金额在100万元以下，仅有5.1%的企业单笔融资金额超过1000万元②。从行业差异看，不同行业类型的中小微企业能够获得的知识产权质押融资比例差别较大。节能环保、现代农业、新能源行业和新材料行业中小微企业获得知识产权质押融资比例偏低，创业型企业所获知识产权融资金额普遍偏小。

（四）政策落地难：部分创新支持政策"好看不好得"

通过对2021年以来与"政策落地难"相关的11.6万条舆情数据分析发现，从创新政策项目申报资质看，61.9%的舆论反映申报资质门槛高，例如，许多创新支持政策以专项资金形式推出，对申报企业的资质提出了较高要求。然而，中小微企业普遍规模小、实力弱、经营状况不稳定，申报相关扶持政策难度较大。从创新政策项目申报要求看，26.0%的舆论反映申报要求难满足，当前我国对企业创新的支持政策主要集中在研发费用加计扣除、加速折旧等税收优惠方面，这就要求申报企业具有完善的会计制度，账证健全，但中小微企业往往面临财务制度不健全、

① 杜雨萌：《2021年全国专利商标质押融资金额首破3000亿元》，《证券日报》2022年1月13日。
② 经济日报社创业企业调查数据深度研究院课题组：《知识产权质押融资需求增加》，《经济日报》2021年7月27日。

会计基础薄弱等困境，难以准确核算研发费用，造成了支持政策申报难。从创新政策项目的宣传普及情况看，12.1%的舆论反映政策宣贯不到位，部分政策条文晦涩难懂，企业往往要花费额外的人力物力去了解对接，企业学习成本过高。

三 推动中小微企业创新发展的建议

（一）加大对中小微企业创新的融资支持力度

一是进一步扎实推动中小企业融资支持计划、定向宽松等政策落实落地，持续推进《知识产权质押融资入园惠企行动方案（2021—2023年）》等一系列支持政策实施，发挥知识产权质押在支持促进中小微企业创新中的重要作用。二是深入推进数字普惠金融，完善多元化的金融主体类型和数量，助力拓宽中小微企业的融资渠道，鼓励供应链金融和直接融资方式，形成政企协作的金融支撑合力，扩大数字金融服务覆盖范围和使用深度，积极开发传统金融机构的数字金融产品，与中小微企业实现数字经济的互利共享，充分激发中小微企业融资活力与创新动力。三是推动金融资源均等化，着重于创新型中小微企业融资最困难的初创期，构建数字化驱动型融资平台，力求破除中小微企业较大的融资约束，为中小微企业充分发挥创新活力营造良好的融资支持环境。

（二）完善人才培养激励机制，加强技术创新服务

一是将中小微企业创新人才建设纳入各级人才发展规划，实现招才引智与招商引资协同联动，为创新型中小微企业提供招聘、待遇等方面人才便利，多措并举加大人才服务力度，鼓励科

技人员面向中小微企业提供创业创新服务。进一步完善人才职业培养与技能评价体系，大力发展专业性人才市场，健全人才供求、价格和竞争机制，拓展中小微企业人才的职业发展空间。二是中小微企业自身需不断推动企业制度创新，进一步优化创新人才队伍建设，完善人才激励机制，加强专业人才的引进、培养和奖励，力争逐步破除阻碍中小微企业发展的各种不利的制度与组织因素，强化人才队伍稳定性，提升内部的技术性自主创新能力。根据企业自身实力制定提高基础性创新研究水平的长远规划，加大创新型研发投入，挖掘企业自身的规模优势，实现跨越式的高质量发展。

（三）创新方式方法，打通政策落地"最后一公里"

一是针对中小微企业自身规模与业务特色，持续优化中小微企业获取优惠政策的手续、流程、途径等，创新工作方法，在中小微企业创新发展的过程中扮演好引导者和辅助者的角色，在重大政策发布后及时召开企业培训会，开展专题政策解读，解决"好政策难享受"的难题。积极设立中小微企业创新发展资金，专门为中小微企业创新发展提供财政支持，同时积极鼓励企业创新成果的应用实践，加大对中小微企业创新成果的保护力度。二是持续性推动产学研融合发展，立足于区域经济发展特色、科研水平，深入推进区域中小微企业和地方高校、科研机构等的创新项目合作和创新成果转化，政府积极助推产学研合作创新模式的规范化、制度化和规模化开展，促进中小微企业创新成果更加高效地转化为现实生产力。

（四）进一步构建鼓励创新、公平竞争的市场环境与社会氛围

一是依法建立完善公平开放透明的市场规则，着力培育尊重创新、鼓励创新、热爱创新的社会共识，允许试错，进一步激发企业的创新热情与创新意愿。完善知识产权保护制度，深入推进反垄断、反不正当竞争法执法司法工作，构建完备有序的竞争法律制度，建设市场化、法治化、国际化的营商环境，为中小微企业的创新发展保驾护航。二是通过政策支持营造宽松的企业创新导向的社会氛围，贯彻落实各类财税扶持政策，注重特定优惠政策的精准性和延续性，引导地方政府加大对中小微企业创新的支持力度，逐渐形成创新导向的评价体系，进而推动中小微企业协同创新。三是进一步健全政府公共服务体系，加大公共服务支持力度，构建现代化、信息化、一体化的中小微企业服务平台，推动营造全社会共同服务中小微企业创新发展的良好氛围。

第九章

中小微企业数字化转型

中小微企业是数字经济发展的主力军，也是数字化转型的主战场。已有研究表明，企业数字化程度与创新研发、生产效率、企业寿命等均存在正相关关系，数字化转型为中小微企业提质增效、降本减存提供了新的选择。本章围绕中小微企业的数字化转型进行探究，分析数字化转型现状及特点、转型的主要困难，并提出"五位一体"推进中小微企业数字化转型的政策建议。

一 中小微企业数字化转型的背景与意义

数字经济成为中国经济增长的新引擎。数字化大浪潮方兴未艾，大数据、云计算、人工智能、区块链、量子技术等数字技术不断发展布局与成熟应用，催生了数字经济这一新的经济形态，推动了包括我国在内的全球数字经济发展。截至 2021 年末，中国数字经济规模为 7.1 万亿美元，仅次于美国，位居全球第二，数字经济已成为中国经济增长的新引擎①。党的十九大报告提出，要建设"数字中国"，推动互联网、大数据、人工智能和实体经济深度融合，以习近平同志为核心的党中央更是高度重视数字经济发展。

---

① 中国信息通信研究院：《全球数字经济白皮书（2022 年）》，2022 年 7 月 29 日。

2022 年伊始，数字经济发展又被提到新高度，1 月 12 日，国务院印发《"十四五"数字经济发展规划》，明确数字经济是继农业经济、工业经济之后的主要经济形态，并且提出到 2025 年，数字经济迈向全面扩展期，数字经济核心产业增加值占 GDP 比重达到10% 的发展目标。2022 年政府工作报告也提出要继续强化数字中国建设整体布局，促进产业数字化转型，打造数字经济新优势。

数字化转型是企业能够生存下去，与时代同步的必由之路。在经济全球化进程中，受疫情反复、经济疲软、政局动荡等因素影响，国际不稳定因素不断增加，面对国际市场上日益增加的竞争压力，企业若继续故步自封维持原有发展模式，将难以适应日趋复杂的市场外部环境，甚至被市场淘汰。作为产业升级的微观主体，企业是否实现数字化转型是我国产业发展抓住数字经济时代重大机遇以重塑国际竞争力的关键。数字化转型能为企业带来诸多利好，包括改进组织流程、增强客户价值主张、降低产品和服务成本、实现突破性创新及竞争优势等。据机构测算，推进数字化转型可使制造业企业成本降低 17.6%、营收增加 22.6%；使物流服务业成本降低 34.2%、营收增加 33.6%[①]。从未来发展趋势看，企业要想在市场竞争中占有一席之地，就必须寻求数字经济背景下企业发展的新机遇，重构企业核心竞争力，提升企业价值。从企业自身发展需要看，科技创新、推进数字化转型已是必然选择，中小微企业应当与时俱进，坚定数字化转型的信心。

我国中小微企业是国民经济发展的主要贡献点，但尽管我国数

---

① 汪子旭：《我国企业加快布局"数智化"转型》，《经济参考报》2021 年 4 月 28 日。

字化转型正逐步铺开，只有少数企业数字化转型成效显著，数字化程度普遍偏低。现阶段我国企业数字化转型比例约 25%，远低于欧洲 46% 和美国 54% 的数字化水平[①]，且在一些特定领域与国外相比仍有差距，这就导致在国际市场上中国企业的竞争力往往弱于外企。而相比拥有先进技术与优势资源、占有绝对优势的大型企业，中小微企业无疑是处于数字化转型劣势之中。因此，研究中小微企业数字化转型无论对中小企业在后疫情时代生产与发展，还是对推动我国数字经济高质量发展都具有重要意义，也是一个值得探讨的话题。

二　中小微企业数字化转型现状

（一）从整体看，中小微企业普遍处于数字化转型探索阶段

作为市场经济中活跃的创新力量，中小微企业已经成为数字经济发展的主力军，也是数字化转型的重要主体。两化融合公共服务平台监测数据显示，我国中型企业和小型企业信息化与工业化融合的水平分别从 2017 年的 49.2% 和 38.1% 提升到 2021 年的 55.7% 和 51.9%，但整体而言，我国开展了数字化转型的企业比例依旧偏低，中小微企业的比例则相对更小。从企业所处转型阶段来看，我国 79% 的中小微企业处于数字化转型探索阶段（见图 9 - 1），企业对实施数字化转型有了初步了解和规划，开始对设计、生产、物流、销售、服务等核心环节进行数字化业务设计；12% 的中小微企业处于数字化转型践行阶段，企业对核心装备和业务活动进行数字

---

① 尚前名：《国企搏击数字化大潮》，《瞭望》2022 年第 6 期。

化改造，实现企业生产制造全过程数据的采集、分析和可视化；仅
有9%的中小微企业处于数字化转型深度应用阶段，企业能将互联
网、大数据、人工智能等新一代信息技术与生产运营管理活动充分
融合，基于数据分析和模型驱动有效提高科学决策水平。这说明我
国将近八成的中小微企业数字化转型依然处于基础探索期和简单操
作期，数字化转型仍存在巨大发展空间。

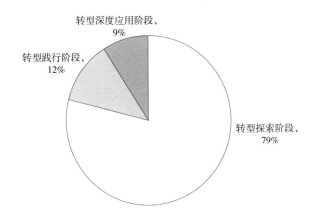

图 9 - 1　我国中小微企业数字化转型所处阶段分布情况

数据来源：中国电子技术标准化研究院《中小企业数字化转型分析报告（2021）》。

（二）从市场规模看，企业数字化服务仍将保持高速发展

近年来，我国中小微企业数字化升级服务行业整体保持高速发
展，2015 年行业市场规模仅 179.4 亿元，至 2019 年已超过千亿元
级规模（见图 9 - 2）。在新冠肺炎疫情背景下，各类中小微企业遭
受巨大冲击，无论是商业模式单一、线上经营能力缺失，还是内部
管理、营销模式落后，以及融资渠道受阻，中小微企业在疫情中暴
露出的短板，也正是数字化升级服务上的发力点。2020 年我国中小
微企业数字化服务行业规模达到 1917.5 亿元，增速为 43.2%；

2021 年服务行业规模持续攀升至 2578.4 亿元，增速为 34.5%；2022 年我国中小微企业数字化服务行业规模可达 3301.8 亿元，增速为 28.1%[①]。未来我国中小微企业数字化升级服务行业规模仍将保持较高增速发展，行业整体会产生更多创新服务模式并逐步趋于成熟，为中小微企业长期赋能。

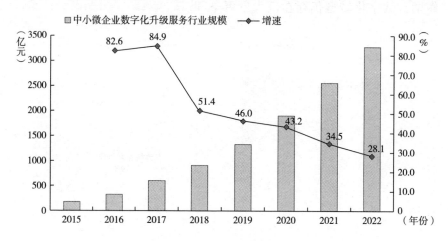

图 9-2　2015~2022 年我国中小微企业数字化升级服务行业规模

注：2022 年为预测数据。

数据来源：智研咨询、艾瑞咨询。

（三）从行业看，高新技术行业的企业数字化转型水平较高

企业所属行业与企业数字化转型呈现一定的相关性，高技术、高效能企业由于本身所处行业的特性以及对先进理念和技术的接触较多，普遍处于较高等级的数字化转型进程中，而企业的行业特性也决定了企业在不同转型环节的各自优势。与信息服务

---

① 艾瑞咨询：《疫情观察：中国中小微企业数字化升级研究报告》，https://report.iresearch. cn/report/202004/3554.shtml，2020 年 4 月 8 日。

和科研创新等技术导向型行业相关的企业，由于行业本身附带数字技术的特性，技术研发和积累的导向更明显，数字化程度和数字技术采纳程度明显更高（见图9-3），如信息传输、软件和信息技术服务业（数字化程度0.73、数字化技术采用程度0.79）、科学研究和技术服务业（数字化程度0.62、数字化技术采用程度

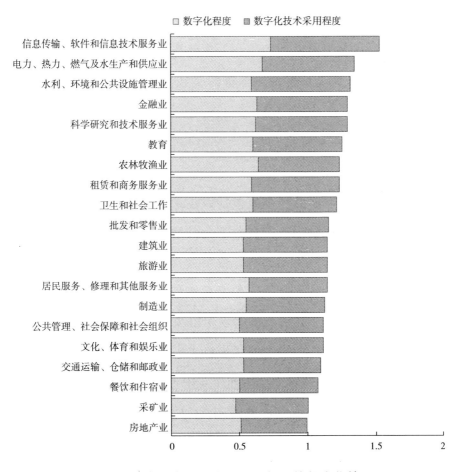

图9-3 我国中小微企业所属行业的数字化情况

数据来源：中国人民大学中小企业发展研究中心。

0.67）。同时，传统生产生活服务业也在数字化程度上表现突出，如电力、热力、燃气及水生产和供应业（数字化程度 0.67、数字化技术采用程度 0.67），水利、环境和公共设施管理业（数字化程度 0.59、数字化技术采用程度 0.72），这也体现出了传统产业积极革新升级的趋势①。此外，汽车、电子、仪器仪表、运输设备、医药等行业是数字化转型的"排头兵""领头雁"②，这些行业由于产品直接面向终端用户、更新迭代快、个性化定制需求旺盛，企业对设备、系统的数字化、智能化改造意愿迫切，在智能生产线、智能工厂方面具有丰富的实践经验，数字化整体水平较高。

（四）从转型路径看，创新、平台和产业链赋能是中小企业转型的主要方式

企业数字化转型路径主要包括以技术创新或在现有技术基础上进行创新及应用的生产服务数字化转型，以数字信息手段自建数字运营平台或有效使用第三方数字运营平台提高企业数据运营能力和个性化服务的平台赋能数字化转型，以及以数字化的产业为依托，与产业数字化转型的进程相协调的数字化转型。

从数字技术创新的转型路径来看，中小微企业的创新动能后劲十足。在 2020 年规模以上工业企业中，有研发活动的中小微企业占全部有研发活动企业的比重为 81.1%，研发经费比 2015 年

---

① 中国人民大学中小企业发展研究中心：《新冠肺炎疫情与我国中小企业数字化转型调查报告》，https://mp.weixin.qq.com/s/ZCsi7CN2DQmm4rDu0F3wig，2020 年 3 月 12 日。
② 中国电子技术标准化研究院：《中小企业数字化转型分析报告（2021）》，http://www.cesi.cn/202205/8461.html，2022 年 5 月 9 日。

增长 102.5%，这说明中小微企业重视自主创新，愿意投入更多的研发费用①。从专利申请量来看，2017 年以来，我国中小微企业申请的数字领域专利数量呈逐年递增的态势（见图 9 - 4），2017 年数字领域专利申请量为 11.14 万件，2021 年达到 26.27万件，增长约 2.36 倍，说明近年来我国中小微企业以创新驱动数字化转型成效颇丰。其中，在三种专利类型中，发明专利最能反映企业创新能力。企业在数字经济领域申请的发明专利数量在 2017～2021 年年均最高且增速较快（见图 9 - 5），占比接近 50%，说明中小微企业不断强化核心技术领域突破，持续增强自主创新能力以实现数字化转型。

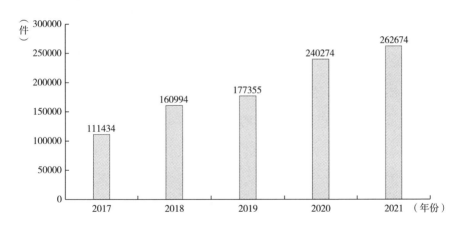

图 9 - 4　2017～2021 年我国中小微企业数字经济领域专利申请量

从数字营运平台赋能数字化转型路径来看，工业互联网构建全要素、全产业链、全价值链全面连接的新型生产制造和服务体

① 详见工信部会同国家发改委、科技部、财政部等十九部门联合发布的《"十四五"促进中小企业发展规划》，2021 年 12 月。

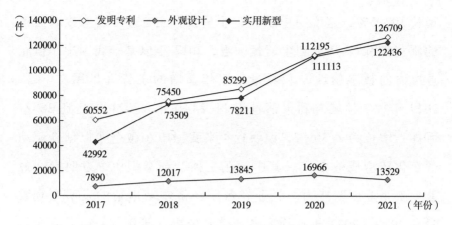

图 9 - 5 2017～2021 年我国中小微企业数字经济领域申请专利类型

数据来源：重庆西部大数据前沿应用研究院羚羊大数据分析平台。

系，是各领域实现数字化转型的关键路径和方法论①。以国家级、行业级、企业级为主的多层次工业互联网平台体系已初步构建，截至 2022 年 6 月，具有一定影响力的工业互联网平台超过 150 家，连接工业设备超过 7800 万台（套），服务工业企业超过 160 万家②。以工业互联网为核心的数字化转型正带动产业深度融合发展。2022 年 6 月，我国工业互联网已应用于 45 个国民经济大类，涵盖研发设计、生产制造、营销服务等各个环节，产业规模超万亿元③。以山东省橙色云互联网设计有限公司自主研发的云协同研发平台为例，截至 2022 年 2 月，橙色云平台注册工程师和企业数超过 31 万，承载制造业项目需求超过 10000 项，发布项目金额超过 20 亿元。随着数字化转型需求的爆发，2021 年橙色云平

① 张蕊：《以工业互联网为核心的数字化转型供给支撑产业壮大》，每日经济新闻，2022 年 3 月 17 日。
② 张辛欣：《我国工业互联网产业规模超过万亿元》，新华网，2022 年 7 月 20 日。
③ 王政：《我国工业互联网产业规模超万亿元》，《人民日报》2022 年 6 月 5 日。

台注册用户量和项目需求量年增长均超过100%，[①] 橙色云生态链正在全面赋能产业数字化转型，成为制造业中小微企业转型升级的"解药"。佛山市顺德区美云智数全力打造产业互联网平台，在对约40个领域1000多家企业服务的基础上，结合美的集团数字化转型经验，[②] 提取适合中小微企业的应用场景，为中小微企业提供云端数字化应用解决方案，包括寻源云、风控云、优品供、品质云、进销存云和设备云等，满足不同阶段企业多场景的供应链管理需求，以推动中小微企业数字化转型。

从数字化产业与产业数字化协同转型的路径看，中小微企业在数字化水平较高的产业中，具有较高的数字化转型意识及优质的数字化经营理念。以软件和信息服务产业为例，随着新一代数字信息技术及数字经济的发展，软件和信息服务产业数字化水平不断提升，中小微企业依托软件和信息服务产业更能发挥其"小而专""小而活"的优势。截至2021年末，我国软件和信息服务产业中小微企业数量约为410万家，比2017年末增长116.9%（见图9-6），而其中数字化水平较高的科技型中小微企业占比约50%[③]。可见，软件和信息服务产业数字化水平的提高有助于从事该产业的中小企业进行数字化转型以提高其数字化发展水平。同时，数字化转型进程较快的产业，更有利于为该产业中的中小微企业实现数字化转型提供条件。中小微企业依托数字化的产业，获得数据生产要素，便

---

① 徐睿：《橙色云上榜工信部应用案例》，《烟台晚报》2022年1月18日。
② 《美云智数全力打造产业互联网平台 中国智造构建中小企业数字化转型生态圈》，财讯网，2022年3月28日。
③ 罗永皓、黄麓茜：《中小企业成软件信息服务业主力 产出占行业七成》，中国新闻网，2020年9月17日。

于学习数字化运营经验，利于企业进行轻资产运营。

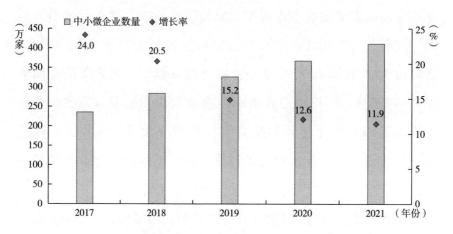

**图9-6 2017～2021年我国信息传输、软件和信息
技术服务产业的中小微企业存续数量**

（五）从企业寿命看，数字化转型能有效提高企业生存能力

中小微企业是我国经济的"毛细血管"，在扩大就业、改善
民生、促进创业创新方面具有举足轻重的地位。但作为我国数量
最大、最活跃的企业群体，相较于我国大型企业，中小微企业的
生存寿命普遍较短，且中型企业和小微企业平均寿命差别较小
（见图9-7）。主要原因是中小微企业大多分布在传统产业和价值
链中低端，在面临大的市场波动与风险时往往最容易"失血"。
在以数字技术为支撑、数据资源为关键要素的数字经济蓬勃兴起
的背景下，中小微企业通过数字技术转型升级可以提升企业自我
"造血"能力，提高生产制造过程的自动化和智能化水平，降低
产品研发和制造成本，提高生产效率，实现产销结合，降低企业
的运营成本，进而提升企业的抗风险能力和生存能力。研究报告
显示，在数字化转型作用下，数字化水平最高的小微企业平均生

命周期高达 13.3 年，远超出我国中小微企业平均生存年限①。可见，数字化转型有利于促进企业管理创新、提升企业运营效率、提高企业的生存寿命。

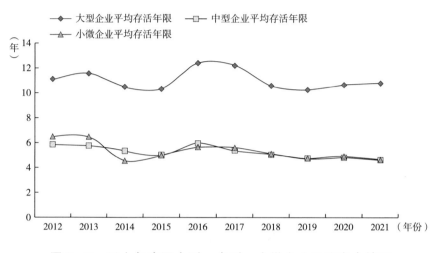

图 9 - 7　近十年我国大型、中型、小微企业平均寿命情况

三　中小微企业数字化转型存在的主要困难

随着大数据、云计算、物联网以及人工智能等新兴技术飞速发展和运用，消费互联网进一步迈向产业互联网的进程加快，顺应数字经济发展趋势，实现数字化转型是中小微企业持续发展的必然选择。但目前企业数字化转型分化严重，仅有少数企业享受到了数字化转型的红利。从 2018 年开始，全球 1000 强企业中已有 67% 的企业实施了数字化转型战略，且全球数字化转型相关技术和服务支出

---

① 戴尔、IDC：《2020 年中国小企业数字初始化指数》，https://www.itheat.com/view/17314.html，2020 年 6 月 11 日。

在 2021~2023 年或将达到 5.3 万亿美元[1]。数字化转型在头部企业已达到战略高度，从技术升级、数字孪生到能力重构，大型企业的数字化转型已走在了前列。然而，我国仅有不足 9% 的中小微企业处于数字化深度应用阶段[2]，中小微企业在数字化转型方面行进得并不顺畅，其主要原因在于中小微企业数字化转型面临认知局限"不会转"、成本制约"没钱转"、人才技术匮乏"不能转"、收益不明"不愿转"、保障不足"不敢转"等五大难点。

（一）从认识看，企业数字化意识不足、路径不清，数字化转型"不会转"

一是企业数字化认知不足，对转型"知之甚少"。调研发现[3]，有近 80% 的中小微企业依然处于数字化转型的基础探索期和简单操作期，有的中小微企业对数字化转型"一知半解"，有的直接将数字化简单等同于办公电子化，有的仍停留在"概念阶段"，常被数字化专有名词搞得"晕头转向"。二是企业数字化转型路径"迷茫"。即使有强烈的转型愿望，但多数中小微企业并不知道数字化转型怎么转。调研显示，65% 的中小微企业缺乏数字化系统性规划，大部分企业仅简单地将信息系统从生产端引入，但对转型路径"无从下手"。企业管理者常以"经验"摸索数字化，没有从企业发展战略高度来规划，企业内部难以达成共识，转型进程缓慢。

---

① 中国信息通信研究院：《2021 年大数据平台安全研究报告》，http://www.199it.com/archives/1202104.html，2021 年 1 月。

② 数据来源：中国电子技术标准化研究院。

③ 腾讯社会研究中心：《中小企业数字化转型路径报告》，https://mp.weixin.qq.com/s/FngRAFcuXQ - U7V33Yn8z2g，2021 年 12 月。

（二）从资金看，企业投入大、成本高，数字化转型"没钱转"

一是数字化转型门槛高，中小微企业"望而却步"。数字化转型是一项周期长、投资大的复杂系统工程，就中小微企业而言，物联网、云计算、大数据、人工智能、区块链等新技术应用成本仍然偏高，硬件装备改造或替换成本也较高。中小微企业资金有限，只能畏缩不前。调研显示，有 36.71% 的中小微企业反映"资金不足无力开展数字化转型"。二是难以获得融资，数字化转型"心有余而力不足"。中小微企业经营规模小，数字化项目融资具有较大的不确定性，呈现小额、高频特征，加之中小微企业抗风险能力弱，缺少可抵押资产，即使企业有心转，金融机构也存在"惧贷""惜贷"现象。2020 年，我国中小微企业贷款额仅占银行贷款总额的25%，企业信用信息覆盖率为 21.4%。① 同时，受疫情不确定性、经济下行压力、企业自身发展规模等限制，一旦转型不成功将形成较大的沉没成本，因而多数中小微企业调低了数字化转型的"优先级"。

（三）从能力看，企业专业人才不足、技术薄弱，数字化转型"不能转"

一是企业数字化人才不足，人才培养机制不健全。我国中小微企业数字化技术相关人才平均占比仅为20%，只有15%的企业建立了数字化人才培养体系，企业数字化人才吸纳培养能力明显不足②。大部

---

① 中国互联网发展基金会：《上云用数赋智 | 强服务，加大数字化转型支撑保障》，http://www.cidf.net/n1/2020/0713/c429159 - 31781555.html，2020 年 7 月 13 日。
② 李勇坚：《中小企业数字化转型为什么这么难?》，腾云智库，https://www.thepaper.cn/newsDetail_ forward_ 18823872，2022 年 7 月 1 日。

分中小微企业尚未建立数字化人才培养体系，在生产、营销、运营、管理等环节都缺乏数字化人才的支撑，直接导致企业数字化转型升级速度缓慢。二是企业信息基础设施不足，数据基础薄弱。我国有约半数的中小微企业尚未完成基础的设备数字化改造，多数企业对深度业务"用数赋智"的推进不够。同时，数字化转型相关服务机构和共性设施严重缺乏，数字化设计、仿真、测试、验证等环境建设往往需要企业自己投入资金，对于中小微企业而言较为困难。三是技术应用水平和第三方服务供给均不足。中小微企业普遍存在自身资金不足、技术实力薄弱等问题，难以自行实现数字化转型，往往需要依赖第三方服务商，但市场上的数字化升级改造服务水平参差不齐，缺乏行业标准，大多是提供通用型解决方案，无法满足中小微企业需求。

（四）从收效看，企业对转型收益存疑，数字化转型"不愿转"

一是转型进入"误区"，使企业积极性受挫。打破技术和业务的壁垒、实现业技融合是数字化转型的前提，但当前中小微企业数字化转型"表面化、空心化"问题明显。部分中小微企业错误地将数字化等同于信息化、网络化、自动化，而未对企业核心业务、重点部门进行数字化转型变革，因而数字技术难以释放应有的价值，转型效果"大打折扣"使企业信心受挫。二是数字化转型难以短期见效，企业对收益"存疑"。数字化转型并非一蹴而就的，其见效慢、周期长、不确定性大等因素使短期内投入回报不成比例，许多传统中小微企业担心转型"劳而无益"。

（五）从风险看，企业缺乏兜底保障，安全体系不完善，导致数字化转型"不敢转"

一是政策红利难覆盖，部分小微企业不敢贸然转型。尽管政府加大了对数字化转型的政策支持力度，但各地推动企业数字化转型的政策一般按照企业规模设计，对大中型企业优待多、小微企业相对考虑少，导致小微企业难以从相关政策红利中借势借力，不敢贸然进行数字化转型。调查显示，小微企业中有12.56%的完全不知道数字化转型相关政策，57.55%的知道有政策但不知道具体内容，仅有3.01%的小微企业享受到相关政策扶持，政策享受度远低于大中型企业。二是安全"底座"不牢，数字化转型缺乏安全保障。调查显示，14.9%的小微企业在数字化转型过程中存在数据安全问题，其中，69.7%的企业反映数字化转型缺乏健全的数据安全服务和完整的安全体系，19.6%的企业反映自身安全防御能力不足①（见图9-8）。没有完善的数据安全保障体系，也是造成企业不敢启动数字化转型的重要原因。

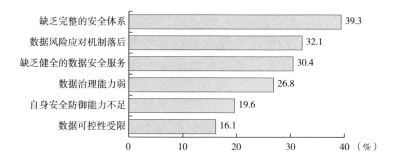

图9-8 2021年企业数字化转型的数据安全问题统计分布情况

四 推动中小微企业数字化转型发展的建议

为进一步帮助中小微企业纾困脱困，推动产业数字化转型，

---

① 《2021年企业数字化转型困难统计》，《中国科技信息》2022年第2期。

增强企业的抗风险能力，提升企业核心竞争力，倡议构建"政府引导—人才支撑—资金帮扶—平台赋能—安全保障"的联合推进机制。

（一）政府引导，加强解决方案研发与个性化指导

针对企业因第三方平台提供的技术方案不匹配、不适用而"不想转"问题，建议搭建"政府＋科技企业＋专业服务机构"的"数字化转型孵化器"，研究编制中小微企业数字化转型指南，结合实际推出普惠化、轻量化、低成本、易部署、易维护、多样性的数字化解决方案和产品。或是引进培育一批数字化转型服务商，研发有针对性的解决方案及标准，为中小微企业量身定制数字化转型方案。针对部分中小微企业因认知不足而导致"不会转"问题，政府部门可通过设立数字化转型促进中心和开源社区、开展线上培训、组织点对点平台帮扶服务等方式为中小微企业提供咨询服务，优化企业数字化转型公共服务，提升中小微企业对数字化转型的认知，打破其不想转、不愿转的思维观念。

（二）人才支撑，多方发力共筑小微企业数字化"智囊团"

针对中小微企业数字化转型中的人才紧缺问题，建议多方联动，共同培育数字化人才。一是教育部门培养一批，以高校、职业院校为主体，以需求为导向，针对企业数字化转型的实际需要培育人才，同时和头部数字化企业开展人才合作，建立实训基地，精准化培养企业所需要的实战人才。二是政府培训一批，在现有的平台、标杆企业转型案例等基础上，加速搭建产业数字化转型应用场景，通过增加实践机会、开展行业内部宣贯、观摩来培训一批人才。三是企业培训一批，中小微企业由于其自身的局限性，外部引

进人才极其不易,可以把人才培育的重点首先放在内部员工身上。通过线上教学、高校合作、行业交流等方式组织学习数字化转型相关技能,建立健全数字化人才培养机制,充分挖掘内部员工的潜能,培养一批既懂数字化又懂业务的内部人才。四是平台服务商支持一批,利用现有的国家级平台,结合自身业务优势,通过传帮带手段,帮助中小微企业培养数字化转型的专家型人才。

（三）资金帮扶,多措并举降低小微企业转型成本

针对部分中小微企业因资金成本产生的"没钱转"的顾虑,进行资金帮扶。一是建议政府部门联合金融机构建立多元化、多层次的普惠金融供给体系,从融资方面给予企业支持。比如通过联合正规金融机构,推进数字普惠金融服务,降低中小微企业融资的准入门槛,破解其数字化转型中的融资困境。或是调动民间投资的积极性,利用社会资金帮助中小微企业摆脱困境。二是建议发挥财政资金的杠杆作用,从购入补助方面减轻企业数字转型成本负担。比如,在硬件投入方面提高资助比例;在软件方面支持企业加大两化融合投入;在电子采购方面采取"政府＋平台"补贴的方式,为中小微企业发放电子采购券;在上云方面,为中小微企业上云上平台提供奖补,对购买重点服务商应用产品的给予补助。三是结合财政补贴、政策鼓励、税收减免等方式鼓励大企业协助中小微企业构建数字化转型能力,推动中小微企业在数字化转型升级中不断寻求突破。

（四）平台赋能,提升小微企业全链数字化协同创新能力

针对企业转型过程中遇到的资源协调、业务拓展等细节问题,建议继续优化相关平台建设,以平台为基础加快上下游产业

链各企业信息互联互通，激发其协同创新能力。一是围绕中小微企业数字化转型中产业链的协同问题，建议搭建集数字化采购、数据交易等领域于一体的互联网平台。在平台内部，强化政府在平台建设中的协同治理作用，开放各类数据资源，深化要素、产品等在不同企业之间的共享、合作，充分整合产业链、供应链内外部资源，依托数字平台变革产业链发展模式，实现单一链条式向网络协同式转变。二是围绕中小微企业数字化转型中自身研发创新能力不足问题，建议以数据链为基础，以大型科创企业为依托，基于产业链上下游创新研发设计新模式，建设专业化研发创新示范平台，围绕工业互联网等新型基础设施，充分整合利用产业链及外部创新要素，在创新平台上加快实现小而精的创新研发突破，提高中小微企业核心研发能力。

（五）安全保障，为小微企业数字化转型保驾护航

针对中小微企业因数据安全、市场规范兜底不足导致的"不敢转"问题，建议进一步完善标准体系，强化数据安全保障。引导中小微企业把数字安全能力建设纳入发展规划，开展数字安全评估，鼓励大型安全企业为中小微企业提供轻量化安全服务，让中小微企业数字安全"不掉队"。政府积极培育数据要素市场生态，完善互联网安全标准体系，打造网络安全基础设施，实现协同防御、联动联防；通过设立国家级网络安全知识库、加强相关法律法规建设等方式，积累安全攻防经验，严厉打击数据入侵等恶劣行径，保证转型安全。

第十章

中小微企业人才供需分析

构建素质精良、各司其职、战斗力强的人才队伍对于中小微企业高质量发展至关重要，加强中小微企业人才供需对接，着力提高中小微企业人才队伍素质以及提供良好的人才培养环境，始终是提升中小微企业竞争力的工作重点。本章利用大数据手段和方法，分析了中小微企业人才队伍建设的现状、面临的主要问题，并提出有针对性的建议。

一 中小微企业人才供需现状

受疫情影响，我国就业市场遭受了较大冲击，企业的招聘工作也面临很大困难。2021 年随着我国疫情防控常态化，经济社会快速恢复，我国就业形势也逐步趋稳，全年全国城镇新增就业 1269 万人，较 2020 年增加 83 万人，超额完成全年预期目标，2021 年全国城镇调查失业率较前两年有所下降（见图 10 - 1）。在这一过程中，中小微企业持续成为招聘"主力军"，在就业市场中发挥着不可或缺的作用，截至 2021 年底，我国 4800 多万家企业中，中小微企业占 95%以上，贡献了 80%以上的城镇劳动就业。与大型企业相比，中小微企业创办门槛相对较低、量大面广，且能够相对灵活地适应劳动力市场供求关系的变化，成为吸纳就业的主力军。人才是企业在市场竞争中的动力源泉，随着就业市场不断变化，人才结构得到不断调整，当前中小微企业人才供需关系也逐渐发生变化。

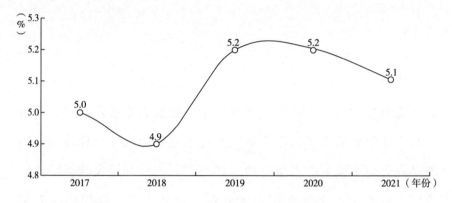

图 10 - 1　2017 ~ 2021 年全国城镇调查失业率

数据来源：国家统计局。

（一）从需求端看，中小微企业人才需求总量有所下降，人才需求结构发生变化

从中小微企业人才需求端看，中小微企业人才需求不够景气，需求总量有所下滑。本研究通过抓取梳理各类求职网站、企业官网、求职论坛等互联网渠道上各类招聘公告，形成企业互联网招聘数据，分析显示，2019 年以来，中小微企业平均招聘岗位数呈明显下降趋势，2019 年平均每个企业招聘岗位数为 4.03 个，2020 年出现较大幅度下降，平均招聘岗位数为 3.49 个，2021 年平均招聘岗位数继续下滑至 3.30 个，截至 2022 年 6 月，平均招聘岗位数仅 2.41 个（见图 10 - 2）。这表明在新冠肺炎疫情散发频发、宏观经

济下行压力等因素的共同作用下，中小微企业人才需求也受到影响，显著下降。从宏观看，2019 年 6 ~ 12 月，中小微企业劳动力需求指数①均高于景气值（100）水平；从 2020 年 2 月起，受疫情影响，中小微企业劳动力需求指数出现断层式下跌，处于最低点。随着疫情防控常态化和生活秩序的逐渐恢复，劳动力需求指数有所回升，但指数水平持续在不景气区间浮动。2021 年，仅 2 月和 3 月的需求指数在景气区间，其余月份指数水平均小于 100，并且显著低于前两年同期水平（见图 10 - 3）。这表明近年来新冠肺炎疫情不断反复，对中小微企业人才需求产生了不利影响。

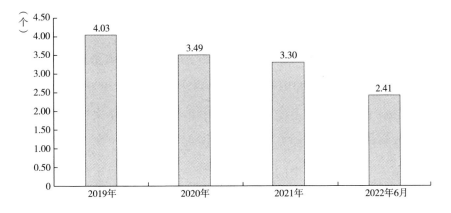

图 10 - 2　2019 年至 2022 年 6 月中小微企业平均企业招聘岗位数

---

①　中小微企业劳动力需求指数为中国中小企业协会发布的中小企业发展指数（SMEDI）指标之一。中小企业发展指数通过对国民经济八大行业的 3000 家中小企业进行调查，利用中小企业对本行业运行和企业生产经营状况的判断和预期数据编制而成，是反映中小企业经济运行状况的综合指数，取值范围为 0 ~ 200：①100 为指数的景气临界值，表明经济状况变化不大；②100 ~ 200 为景气区间，表明经济状况趋于上升或改善，越接近 200，则景气度越高；③0 ~ 100 为不景气区间，表明经济状况趋于下降或恶化，越接近 0，则景气度越低。

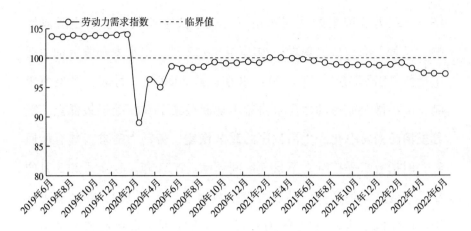

图 10 – 3　2019 ~ 2022 年中小微企业劳动力需求指数

数据来源：中国中小企业协会官网。

中小微企业人才需求呈现"东强西弱"的特征。2021 年中小微企业人才需求量排名前五的省份分别是广东、山东、江苏、浙江、河南，其中广东和山东对人才的需求量均超过 2000 万人[①]。同时，受制于企业规模及经营成本，中小微企业往往未设置专职人力资源岗位，人才招聘及人力资源管理主要依托于第三方劳务中介机构，劳务中介机构的集中程度能够从侧面反映不同地区中小微企业的人才需求情况。截至 2021 年，我国存续劳务中介机构主要分布在长三角、京津冀、粤港澳和成渝等主要城市群，东部沿海地区主要省市劳务中介数量都超过 1 万家，其中制造业发达的广东省和山东省劳务中介数量超过 2 万家，机构分布呈现"东部密集、西部稀疏"的特点，在一定程度上反映了东部中小微企业人才需求比西部更旺盛。

---

① 58 同城：《2021 年高校毕业生就业报告》，https://mp. weixin. qq. com/s/bGMAKvjPXld8Y3FVPBQTzQ，2021 年 6 月 16 日。

从不同行业需求看，我国中小微企业人员需求主要集中在第三产业，2021年第一产业和第二产业岗位占比有所下降（见表10-1）。具体来看，目前我国中小微企业人才需求集中行业主要为租赁和商务服务业、批发和零售业等附加值较低的行业。2018年以来，租赁和商务服务业，批发和零售业，信息传输、软件和信息技术服务业一直稳居中小微企业人才需求前三位。2021年，这三个行业的人才需求占比分别为24.44%、15.27%和11.93%（见图10-4）。但同时，这三个行业的合计占比呈下降趋势，由2018年的58.30%下降至2021年的51.64%，而房地产业、制造业的人才需求有所增加。

表 10-1　2018~2021 年中小微企业招聘岗位三次产业占比　　单位:%

产业	2018 年	2019 年	2020 年	2021 年
第一产业	0.47	0.44	0.45	0.43
第二产业	28.74	27.97	26.15	25.17
第三产业	70.79	71.59	73.41	74.40

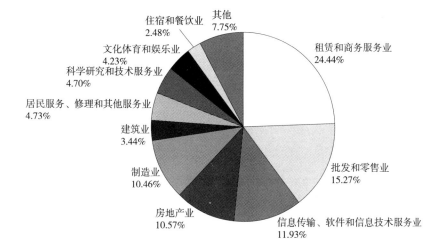

图 10-4　2021 年分行业中小微企业人才招聘需求情况

从学历要求看，中小微企业对人才的学历要求不断提高，高学历人才需求增加。近年来，中小微企业转型升级步伐不断加快，对技术、研发等高水平人才的需求也随之增加。虽然中小微企业人才招聘仍然以大专及以下学历人才为主，但同时也提高了对大专、本科及以上学历人才的招聘岗位数量。本科及以上学历需求占比从 2018 年的 6.32% 提升至 2021 年的 7.76%，而高中及以下学历人才需求占比呈逐年递减趋势（见图 10 – 5）。与此同时，中小微企业人才招聘时放松了对工作经验的限制，无工作年限要求的工作岗位比例从 2018 年的 79.3% 提升至 2021 年的84.6%（见图 10 – 6），说明中小微企业希望通过进一步放松工作经验限制来吸引更多高学历的应届毕业生进入企业。

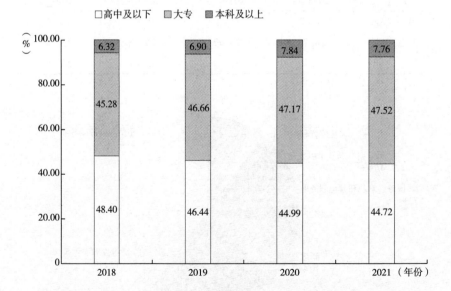

图 10 – 5　2018 ~ 2021 年中小微企业互联网招聘学历要求分布

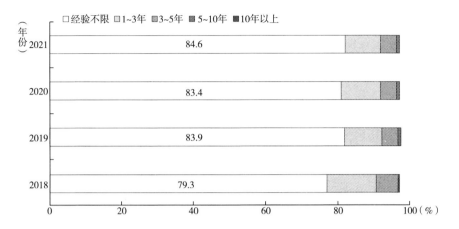

图 10 - 6 2018～2021 年中小微企业互联网招聘工作经验要求分布

从用工形式看，新冠肺炎疫情发生后，更多中小微企业选择灵活用工方式。灵活用工既能节约中小微企业的用人成本，也能增加中小微企业可用专业人才数量，能有效地帮助中小微企业配置劳动力，充分发挥人力资源的价值。越来越多的企业倾向于选择灵活用工模式，2021 年中国有 61.14% 的企业采用灵活用工，比 2020 年增加 5.46 个百分点。从用工比例看，灵活用工人员在中小微企业总用工中占比 13.48%；在已经使用灵活用工的企业中，中小微企业灵活用工人员占企业总员工的比例为 25.63%[①]。从用工类型看，中小微企业灵活用工主要集中于以降成本为主导的初级岗位和产品研发等专业技术岗位。从灵活用工形式看，中小微企业更倾向于短期用工，且更有可能直接与个人合作。

---

① 杨伟国、吴清军、张建国、汪建华、陈雯、熊赟、万钇宏：《中国灵活用工发展报告（2022）》，社会科学文献出版社，2021。

（二）从供给端看，中小微企业人才供应态势总体平稳，人才求职意愿有所改变

数据显示，我国中小微企业劳动力供应指数稳中有升。2019年6月以来，直至2020年初，我国中小微企业劳动力供应指数较为平稳。其后受疫情影响，中小微企业劳动力供应指数在2020年2月降至不景气区间，跌到97的低点。随着我国疫情防控常态化，生产生活秩序恢复，劳动力供给回升，劳动力供应指数在2020年3月快速回升至107.4，处于景气区间，并在2020年5月达到历史新高点，指数为113.7。此后，劳动力供应指数虽小幅波动，但2021年全年保持平稳趋势，并于2022年上半年持续上升，在2022年6月回升至113.7，指数在2020年后总体水平高于疫情发生前的水平（见图10-7）。这反映了中小微企业劳动力供给表现整体稳定，并且在疫情发生后，中小微企业的劳动力供给水平有所增加。

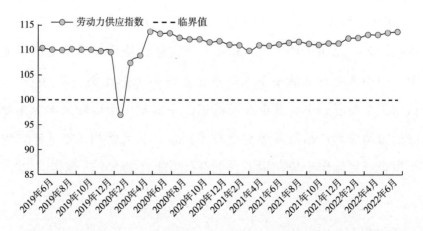

图 10-7　2019 年 6 月至 2022 年 6 月中小微企业劳动力供应指数

数据来源：中国中小企业协会官网。

　　从求职者意愿就业地看，经济相对发达地区对人才吸引力明显更强，新一线城市逐渐成为毕业生首选。研究表明，2021 届高校毕业生首选城市排名分别为上海、深圳、广州、成都、北京、杭州、青岛、南京、重庆、长沙，经济发达的一线城市和新一线城市就业机会更多，专业对口性更强，能吸引更多的人才流入[①]。调查显示，新一线城市是受访应届毕业生毕业后最想去的城市，35.8% 的受访应届毕业生看好新一线城市，28.8% 的受访应届毕业生计划留在一线城市，25.6% 的受访应届毕业生选择去二线城市，9.3% 的受访应届毕业生想回到家乡。其中，研究生想留在新一线城市的占比最高，达 41.7%[②]。

　　从求职者意向行业看，求职者高度青睐现代服务业。2021 年中小微企业简历投递热度分布排名前五的行业分别为租赁和商务服务业，批发和零售业，制造业，信息传输、软件和信息技术服务业，房地产业，其中租赁和商务服务业占比最高，为 21.45%；其次是批发和零售业，占比为 21.43%；再次为制造业，占比为 13.06%（见图 10 - 8）。此外，2021 年春招期间，应届毕业生关注度排名前五的行业分别为信息传输、软件和信息技术服务业，批发和零售业，教育，租赁和商务服务业，科学研究和技术服务业，这五个行业均属于现代服务业领域[③]。

---

①　58 同城：《2021 年高校毕业生就业报告》，https：//mp. weixin. qq. com/s/bGMAKvjPXld 8Y3FVPBQTzQ，2021 年 6 月 16 日。

②　杜园春、王九龙：《新一线城市是受访应届生最青睐就业地》，《青年时讯》2022 年 1 月 20 日。

③　BOSS 直聘研究院：《2021 应届生就业趋势报告》，https：//mp. weixin. qq. com/s/FHlkzlp M4ZpOhKCmb - gBkw，2021 年 6 月 15 日。

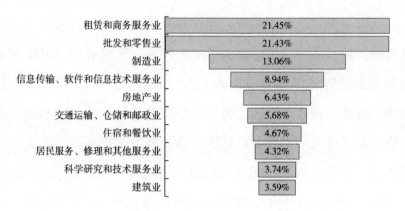

图 10 - 8 2021 年中小微企业岗位投递数量行业分布前十

数据来源：58 同城网站求职大数据。

二 中小微企业人才面临的主要问题

用以反映我国就业市场景气度的 CIER 指数[①]显示，2021 年第四季度，全国中型、小型及微型企业的指数仍相对较低，分别为 1.05、0.88 和 0.97，均低于大型企业的 1.89（见图 10 - 9）。可见，相对于大型企业，中小微企业的就业招聘景气度有待提高，就业信心偏低，竞争性较弱。有学者测算，我国整体企业人才流动率达到 28%，超过合理区间范围（10% ~ 15%），部分中小微企业人才流动率甚至达到 50%[②]，企业的人才队伍稳定性较差。

[①] 就业市场景气度 CIER 指数由中国人民大学和智联招聘联合编制发布，是用来反映就业市场景气程度的指标，其计算方法是：CIER 指数 = 市场招聘需求人数/市场求职申请人数。CIER 指数以 1 为分水岭，指数大于 1 时，表明就业市场中劳动力需求高于市场劳动力供给，就业市场竞争趋于缓和，就业市场景气程度高，就业信心较高。指数越大则就业市场的景气程度越高。当 CIER 指数小于 1 时，说明就业市场竞争激烈，就业市场景气程度低，就业信心偏低。

[②] 薛晓明、汪余学：《中小企业人才流失及对策分析》，《河北企业》2021 年第 11 期。

不少管理者表示，留人比招人更难。通过从供给端和需求端的比较研究发现，中小微企业人才问题主要存在于招人和留人阶段，表现在中小微企业稳定性弱，薪资水平吸引力不足，缺乏人力资源管理，晋升空间、培训机会、企业文化缺失等方面。

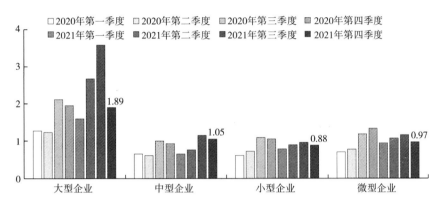

图 10 – 9　2020～2021 年不同类型企业的 CIER 指数走势

数据来源：中国人民大学和智联招聘联合发布的《中国就业市场景气报告》。

（一）招人阶段：中小微企业人力资源管理不健全，岗位稳定性弱，薪资水平难以满足求职者期待

1. 中小微企业岗位稳定性弱与求职者"求稳"心态存在冲突

受疫情反复和经济下行压力影响，为规避就业风险，求职者求稳心态不断增强，对党政机关、事业单位和国有企业的热衷度提高，在择业阶段，求职者更加关注工作的稳定性，2021 年应届毕业生中超过 70% 的倾向于选择稳定的工作[①]。中小微企业由于体量不大、实力不强、抗风险能力较差，发展前景的不确定性本就较高，再叠加疫情影响导致的业务调整、岗位变动等因素，使

---

① 58 同城：《2021 年高校毕业生就业报告》，https://mp. weixin. qq. com/s/bGMAKvjPXld
　8Y3FVPBQTzQ，2021 年 6 月 16 日。

得中小微企业员工安全感下降、人才吸引力较弱。

2. 中小微企业薪资相对偏低，人才吸引力相对不足

薪酬是企业吸引人才的重要因素，调研数据显示，对毕业生而言，薪酬福利仍是求职时的首要关注点，关注占比达 65%，可见，薪资水平高低在很大程度上决定了求职者选择企业的意愿①。企业互联网招聘数据显示，2019 年以来中小微企业的平均薪资水平逐年提升，年均增长率为 4.9%，但与高校毕业生实际平均薪资相比仍存在较大的差距，并且两者差距呈现扩大趋势，2021 年高校毕业生实际平均薪资约为 8720 元，高出中小微企业实际招聘薪资 1979 元（见图 10 - 10）。可见中小微企业薪资待遇相对缺乏吸引力，在一定程度上影响了求职者到中小微企业工作的积极性。

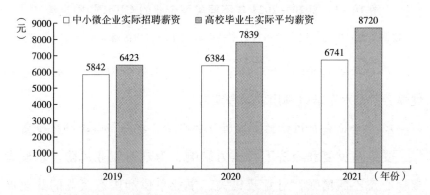

图 10 - 10　2019 ~ 2021 中小微企业实际招聘薪资和高校毕业生实际平均薪资对比

3. 中小微企业人力资源管理不健全，"用不对"专业化人才

相比大型企业，中小微企业人力资源管理体系往往不健全，

---

① 智联校园招聘：《2021 大学生就业力调研报告》，https://www.doc88.com/p - 28947071419653. html，2021 年 6 月 11 日。

制度建立不完善，仅 50.2% 的中小微企业设有专职 HR 岗位，42.7% 的由企业内部其他人员兼任，中小微企业设置专职 HR 岗位的比例比大企业低 36.1 个百分点，由行政人员、财务人员、高管等兼任 HR 的比例比大企业高 29.1 个百分点[①]。人力资源管理制度不健全导致中小微企业长期缺乏招聘规划，没有对岗位要求进行全面分析，招聘过程较为仓促，招聘来的员工专业和岗位要求素养存在错配，"用不对"专业化人才。数据显示，在中小微企业中，专业对口、与岗位职责完全一致的员工占比仅有 18.86%，40.16% 的员工专业与岗位职责毫不相关[②]。

（二）留人阶段：晋升机制、培训机会、企业文化建设与员工诉求不匹配

1. 中小微企业普遍缺乏成熟的晋升机制

晋升空间小、职业发展前景不明确是中小微企业留住人才所面临的重要挑战。数据显示，中小微企业晋升机制的完善程度与离职率成反比，晋升机制越完善，离职率越低[③]。2020 年，在离职率低于 3% 的企业中，90% 的具有成熟的晋升机制，离职率在 10% 及以上的企业中，仅有 23% 的具有成熟的晋升机制（见图 10 – 11）。很多中小微企业由于缺乏完整的晋升体系，进步快、贡献大的员工得不到晋升机会，职位难以改变，等级难以提升，缺乏长远的职业发

---

① 中国中小企业协会、中智（北京）人力资源外包服务有限公司：《中小企业人力资源管理调研报告》，https://mp. weixin. qq. com/s/mvJoWNwkIpyoVvPKZWl – yA，2020 年 6 月 28 日。

② 罗芳：《中小企业人岗匹配问题分析及对策研究》，《现代营销》（信息版）2020 年第 2 期。

③ 领英：《领英中小企业人才市场环境洞察报告》，https://www.doc88.com/p – 5078708 1449706.html，2020 年 4 月。

展前景，其自然会萌生离职的念头。

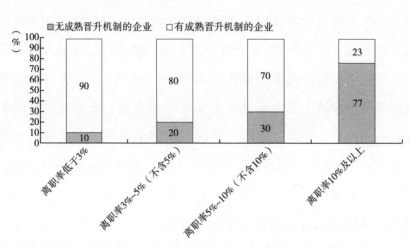

图 10 - 11　2020 年中小微企业晋升机制完善程度与离职率的关系

数据来源：2020 年《领英中小企业人才市场环境洞察报告》。

2. 中小微企业人才缺乏培训和学习机会

成长空间、学习机会已逐步成为许多优秀人才选择企业的重要
参考条件，但就我国中小微企业整体现状来看，很多企业提供给员
工的培训学习机会还十分有限，导致不少人才因此流失。究其原
因，一方面是企业本身的流动资金不充足，没有额外的资金为人才
提供培训机会。另一方面也有部分管理者认为没有必要对员工进行
细致培训，培训学习是一种无用功，还会耽误正常的工作，甚至还
会担心人才参加培训，能力提升之后要求加薪或者离职。

3. 部分中小微企业缺少明确的企业文化

大多数中小微企业对企业文化建设的重视程度不足，企业
与个人之间缺乏共同的价值观念，这成为难以留住人才的重要
因素。一方面，部分中小微企业管理层对企业文化的了解甚少，

也未意识到企业文化在塑造企业形象、提升员工凝聚力和减少员工流失等方面的积极作用；另一方面，部分企业盲目学习引入与企业发展现状不适应的企业文化理念，引发员工的反感，使得离职率飙升，调研显示[①]，35.4%的受访者会因为"加班文化"而选择离职，其次是"官僚主义""全天待命"，分别占比29.9%和27.9%。

三　中小微企业人才队伍建设的建议

（一）强化政策激励引导，助力中小微企业吸引人才

1. 做好正确的舆论引导，重塑社会劳动价值观念

加强思想引领，各方共同发力引领积极就业观和自主创业观，营造职业无贵贱、就业皆平等的良好氛围。通过开设就业指导课程等，对学生进行就业培训，深入介绍不同行业、不同类型公司的就业方向，扭转大学生对中小微企业的认知，鼓励更多优秀大学生到中小微企业就业。

2. 引导建立优化人才引进奖励机制

研究调整现有中小微企业发展基金优惠政策定位，增设人才发展基金，以项目制、奖励制、资助制等不同形式，进一步鼓励高素质毕业生到中小微企业就业。通过发放人才补贴、开展校企联合培养、提供人力咨询服务以及对有新增就业人数且缴纳社会保险费用的中小微企业发放一次性增岗补贴，进一步扩充就业市场。此外，

---

① 智联研究院：《职场人企业文化认知调研报告》，https://mp.weixin.qq.com/s/RCCSqEh X4jtB8a7Zx_E59A，2021年9月28日。

还可通过进一步扩大公租房、人才公寓等住房供给，降低人才的生活成本，帮助中小微企业吸引人才、留住人才。

3. 加强人力资源管理，提高人力资源配置效率

鼓励中小微企业增设人力资源管理部门，线上线下结合，拓宽招聘资源渠道，吸引更多所需人才。鼓励企业加强招聘前期工作投入，根据中长期发展和生产经营计划编制人才招聘规划，加大岗位需求分析，提升招聘质量。鼓励中小微企业建立内部劳动力市场，允许员工进行内部流动，激活用人机制，做到员工岗位灵活匹配。

（二）拓宽人才发展空间，增强员工的认同感归属感

1. 完善人才晋升机制

鼓励中小微企业有效搭建人才成长晋升平台，建立合理的竞争机制，优化人力资源配置，营造良性循环的人才成长和竞争环境。创新人才激励和晋升机制，注重职级而不是职位，注重远期而不是近期，注重功劳而不是苦劳，使人才"有成长""有奔头"。

2. 创新人才培养体系

鼓励中小微企业联合研究机构、高等院校、科技企业等进行专业人才培养。通过开设"冠名班"、人才培育学院等方式，探索企业和学校、地方、行业联合办学模式，实施专业技能人才的精准培育。鼓励建设创业园、孵化园、科技开发园、技术产业园等园区，建立大学生实习实训基地，通过创新创业项目实践达到锻炼人才、培养人才、提升人才的目的。

3. 构建良好的企业文化

鼓励中小微企业创造健康向上的职场环境，增强"以人为

本"的文化理念，尊重员工需求，促进员工自我价值实现，满足不同员工对企业文化的差异性需求。引导中小微企业打造独特的企业文化，通过文化引领，使员工切身投入到企业发展战略中来，筑巢引凤，让人才看到企业的成长性，从而更好地提升企业人才队伍凝聚力。

第十一章
中小微企业生存状况分析

我国企业数量众多，但企业的生命周期往往较短，尤其是中小微企业，有着"一年发家，二年发财，三年倒闭"的说法。2020年以来，新冠肺炎疫情肆虐全球，给我国中小微企业的生存与发展带来较大影响。本章基于全国企业注吊销、存续、登记注册等数据，专题分析中小微企业的生存状况。

一　我国中小微企业的生存现状

2020年新冠肺炎疫情给国民经济发展带来了巨大冲击，尤其给我国餐饮、住宿、旅游等行业企业的生产、经营和发展带来较大影响。受制于国内疫情多点散发、国外疫情持续肆虐，我国中小微企业生存发展所面临的风险越加复杂，对企业生存产生威胁的因素增多。下面通过分析企业死亡率和平均寿命情况来对我国企业的生存现状进行剖析。

（一）企业死亡率情况

总体来看，我国企业死亡率[1]近年来呈现倒U形结构。2018～2020年企业死亡率较高，其中2019年企业死亡率达到近十年峰值10.5%。值得注意的是，2020年虽受疫情影响，企业死亡率较

---

[1]　企业死亡率指各类型企业全年注吊销企业数量/当年存续企业总量。

往年偏高，但相较于 2019 年仍呈下降趋势，下降 1.8 个百分点（见图 11 - 1）。结合注吊销企业数量来看，注吊销企业数量从 2012～2021 年的走势与企业死亡率呈现一致性，皆为倒 U 形结构（见图 11 - 2）。

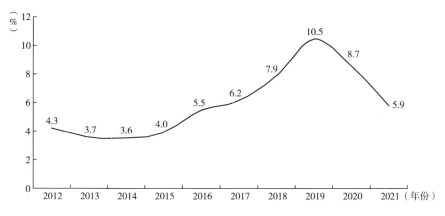

图 11 - 1　2012～2021 年我国一般企业死亡率情况

图 11 - 2　2012～2021 年我国一般企业年累计注吊销数量

分规模看，小微企业死亡率较高。2012～2021 年数据显示，我国大型企业死亡率最低，十年间企业死亡率大致在 2% 以内，总体变化幅度较为平稳。相较而言，中型企业及小微企业死亡率更高，皆在 2019 年达到十年内的峰值,死亡率分别高达 9.6% 与 11.1%,高出同期大型企业 7.9 个与 9.4 个百分点(见图 11 - 3)。受疫情影响,大型、中型以及小微企业在 2020 年死亡率相对偏高,均为十年以来的第二高峰值。随着我国疫情防控措施的有效实施,企业有效复工复产,2021 年的大型、中型和小微企业死亡率均呈现下降趋势,分别较 2020 年下降 28.4%、24.8% 与 35.5%。

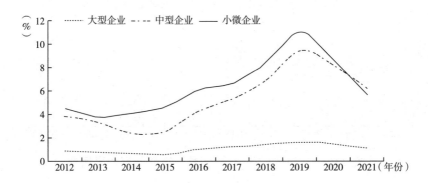

图 11 - 3   2012 ~ 2021 年大型、中型、小微企业死亡率情况

分经济类型看,民营企业死亡率较高。2012 ~ 2021 年统计数据显示,在我国各类企业中,民营企业总体死亡率最高(见图 11 - 4),近十年与近五年平均死亡率分别为 6.9% 与 8.0%。其次为国有企业,近十年与近五年平均死亡率为 5.5%、6.6%,而外资企业平均死亡率最低,近十年与近五年平均死亡率数据均最低,分别为 4.1% 与 4.8%。

分行业看,服务类行业企业死亡率较高。2017 ~ 2021 年各行业企业平均死亡率统计数据显示,居民服务、修理和其他服务业,住宿和餐饮业,批发和零售业,租赁和商务服务业,信息传输、软件和信息技术服务业死亡率排名前五,死亡率分别为 9.3%、9.2%、

8.9%、8.8%和8.7%（见图11-5）。

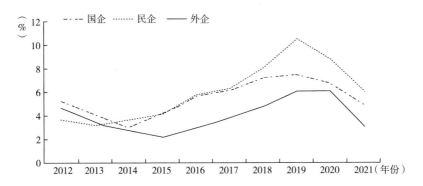

图11-4　2012～2021年国企、民企、外企死亡率走势

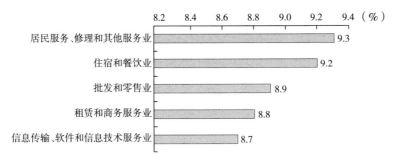

图11-5　2017～2021年企业死亡率最高的行业TOP5

可以看出，以上死亡率前五的均集中在服务类行业。同时，死亡率最低的五个行业较多集中在第二产业，分别为金融业（3.0%），教育（4.3%），电力、热力、燃气及水生产和供应业（5.3%），采矿业（5.4%），制造业（5.7%）（见图11-6）。

分地区看，东北地区企业死亡率较高①。数据显示，2012年、

---

① 根据国家统计局2011年6月公布的东、西、中部和东北地区划分方法，本书将我国划分为四大经济区来进行对比研究，详见 http://www.stats.gov.cn/ztjc/zthd/sjtjr/dejtjkfr/tjkp/201106/t20110613_ 71947. htm。

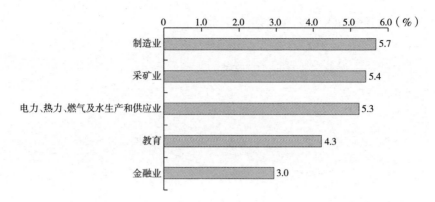

图 11 - 6 2017 ~ 2021 年死亡率最低的国民行业 TOP5

2017 年、2021 年以及近五年分地区企业死亡率中，东北地区企业
死亡率皆为全国最高，反映出我国东北地区企业经营所面临的破
产风险较大（见图 11 - 7）。此外，以 2017 ~ 2021 年各地区平均
死亡率数据为例，东北地区、西部地区、中部地区以及东部地区
死亡率依次递减，与我国区域经济发达程度大致呈负相关，一定
程度上说明，经济较发达的地区企业死亡率一般会相对较低。分
省份来看，黑龙江、江西、宁夏、四川、云南 5 个省份近五年企

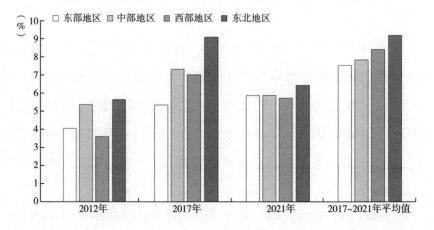

图 11 - 7 2017 ~ 2021 年东、中、西部及东北地区企业死亡率情况

业平均死亡率最高，位居前五。甘肃、西藏、青海、河南、广东5 个省份企业死亡率最低。

（二）注吊销企业平均存活年限情况

业界针对我国注吊销企业平均存活年限有多种说法，口径不一，但整体均反映了我国注吊销企业平均存活年限较短，中小微企业尤甚。分析发现，总体而言，我国所有注吊销企业中，大型企业平均存活年限是中小微企业的两倍。2012～2021 年，我国大型、中型和小微企业注吊销数量分别为 1.7 万家、533.8 万家和1191.2 万家，总计达 1726.7 万家，平均存活年限为 5 年。从逐年数据来看，2016 年后，我国一般注吊销企业平均存活年限总体呈现下降趋势（见图 11－8）。其中，2016 年我国共注吊销企业 122.6 万家，平均存活年限为 5.7 年。2021 年，我国共注吊销企业 257.8 万家，平均存活年限为 4.6 年，相较 2016 年下降19.3%。2021 年，我国大型企业平均存活年限最长，达到 10.9年，中型企业和小微企业平均存活年限较短，分别为 4.98 年和

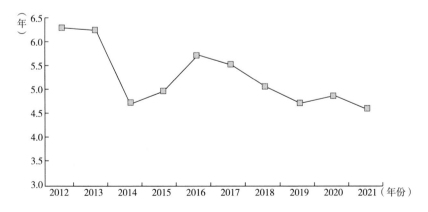

图 11－8　2012～2021 年我国一般注吊销企业平均存活年限情况

5.05 年。从逐年统计平均存活年限来看,我国大型企业平均存活
年限维持在 10~12 年,相较于中小微企业,一直保持着领先优势
(见图 11 -9)。

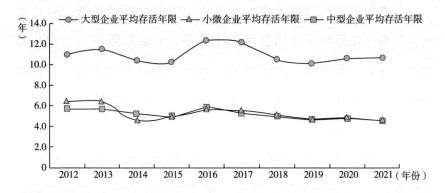

图 11 -9 2012~2021 年大型、中型、小微注吊销企业平均存活年限情况

分经济类型看,国有企业平均存活年限相对较长。2012 ~
2021 年,我国累计注吊销国有企业 50.6 万家,平均存活年限为
17.7 年,在各类型注吊销企业中平均存活年限最长。其次为外资
企业,近十年累计注吊销 16.8 万家,平均存活年限为 8.1 年,在
各类型企业中排名第二。而民营企业平均存活年限最短,仅为
4.4 年(见图 11 -10)。逐年来看,从 2012 年到 2021 年,国有企
业平均存活年限总体呈现增长趋势。2021 年国有企业平均存活年
限为 22.5 年,相较于 2017 年与 2012 年,分别增长 3.9 年与 7.6
年。而外资企业与民营企业平均存活年限则呈现略微下降趋势,
2021 年相较于 2017 年分别下降 1.86 年、0.58 年,相较于 2012
年分别下降 0.28 年、0.70 年(见图 11 -11)。

分行业看,采矿业、制造业和金融业企业平均存活年限位居

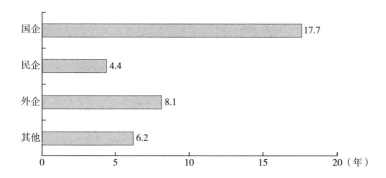

图 11 – 10　2012~2021 年我国各经济类型注吊销企业平均存活年限情况

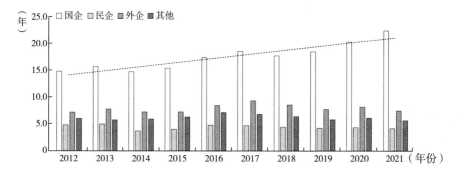

图 11 – 11　2012~2021 年我国各经济类型注吊销企业平均存活年限走势

前三。2012~2021 年的数据显示，采矿业，金融业，制造业，电力、热力、燃气及水生产和供应业，以及住宿和餐饮业企业的平均存活年限最长，在所有行业中排名前五位，平均存活年限分别为 9.1 年、7.9 年、7.3 年、7.2 年与 5.7 年。卫生和社会工作，教育，租赁和商务服务业，信息传输、软件和信息技术服务业，以及农、林、牧、渔业企业平均存活年限较短，位列倒数后五位，平均存活年限均不足 4 年（见图 11 – 12）。从各年度变化来看，2017~2021 年采矿业、制造业、金融业企业总体稳定在前三位次，平均存活年限较长。

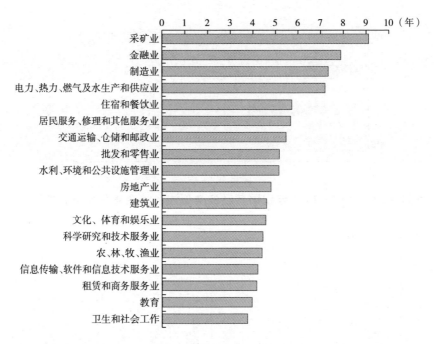

图 11 - 12　2012～2021 年我国各行业注吊销企业平均存活年限情况

分地区看，东北地区企业平均存活年限较长。2012～2021年，我国东部、中部、西部以及东北地区累计注吊销企业数分别达 953.4 万家、318.3 万家、341.5 万家与 112.3 万家，注吊销企业平均存活年限分别为 5.1 年、4.8 年、5.0 年与 5.4 年。总体呈现东部地区注吊销企业数量多、平均存活年限较短的特点，这与东部地区经济发达、企业数量基数大有一定关系。逐年来看，2012 年、2017 年、2021 年东部、中部、西部以及东北地区企业平均存活年限呈现下降趋势。同 2012 年数据相比，西部及东北地区下降较多，企业平均存活年限分别下降 2.8 年与 2.7 年（见图 11 - 13）。

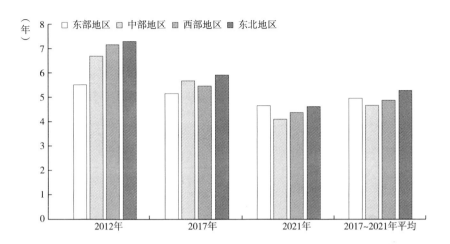

图 11 – 13 2012 ~ 2021 年东、中、西部及东北地区企业平均存活年限对比

二 影响中小微企业生存状况的主要因素

学界将影响企业死亡率和注吊销企业平均存活年限的因素划分为内部因素、外部因素和内外交织影响三大类。本书在相关研究基础上，归纳出影响中小微企业生存状况的具体因素（见表 11 – 1）。

表 11 – 1 影响中小微企业生存状况的主要因素

分类	具体影响因素	注释
内部因素	企业领导决策	战略失误
	组织管理	组织缺乏凝聚力
	资金管理	盲目投资、资产负债率过高、贷款回笼慢
	经营利润	营销技术差、经营策略
	创新、技术水平	缺乏创新能力、产品滞后
外部因素	外部融资环境	融资难、融资贵难题仍存，中小微企业尤其突出
	市场秩序混乱	市场恶意竞争

续表

分类	具体影响因素	注释
外部因素	经营成本升高	例如疫情等背景下人力、物力等成本升高
	经济、政策、社会等大环境	结合新冠肺炎疫情、经济全球化下经济危机影响等大环境背景
内外交织影响	经营成本	内：成本控制不合理；外：疫情背景下人力、物力等成本升高
	经营利润	内：成本控制不合理；外：成本上升、产品价格下跌等因素影响下经营的利润下降
	资金周转	内：自身经营不善，如盲目投资扩张，收支不均衡；外：融资难、融资贵，资金周转困局无法缓解，疫情影响下产品等销量降低，经营利润下降
	供应链条断裂	内：自身产业结构有问题；外：原材料、核心零部件受制约严重

（一）内部因素

一是股权分配体系与治理结构不健全。我国中小微企业股权分配过于集中，分配体系和股利政策缺乏稳定性和连续性，股利支付率较低。同时，中小微企业往往并未建立完善的治理制度，内部制衡机制缺乏，外部监督机制较弱，内部控制实质上是"一把手"工程，企业人治色彩浓厚，董事会不能对管理层起到制约和牵制作用。

二是决策失误与管理不当。由于中小微企业管理者和决策团队的专业素质有限，现代化的决策队伍较难建立，企业所有者和管理团队之间甚至相互信任不足，往往是企业主"一言堂"，种种因素使得中小微企业难以充分预知和研判影响企业经营的诸多要素，造成企业决策失误。

三是创新产品滞后，市场竞争力弱。中小微企业市场竞争力不足的影响因素包括：产品因质量、款式、成本等影响不被市场接受，难以形成市场竞争力，造成销售危机；企业未能针对市场变化迅速、及时地更新技术应用，造成技术落后；在营销模式、营销团队上缺乏开拓性，造成经营困难。

四是产业结构不合理，受其他行业制约严重。受原材料供应及库存不足、关键零部件缺货断货、上下游产业配套不够、国际航运不稳定等因素影响，部分供应链出现断链或停摆，芯片、关键元器件、半导体材料等已出现涨价迹象，沿着产业链上下游传导扩散，影响中小微企业的生存发展。

（二）外部因素

一是融资难、融资贵的难题。仅有少数中小微企业能够顺利从银行获得信贷支持，且融资成本也仍然较高，如果需要过桥贷、寻求担保机构支持的话，部分小微企业的综合融资成本甚至会超过20%。高额的过桥融资成本与企业间互联互保风险的暴发进一步推高了中小微企业的死亡率。同时，资金不足使企业难以引进先进的生产技术、专业设备和高素质的从业人员，也导致部分中小微企业面临破产风险。

二是市场秩序有待完善。对中小微企业来说，部分市场准入的门槛依旧过高，存在不合理的入市限制，导致在市场准入、审批许可、招标投标等各流程方面，中小微企业的正常市场空间遭受大型企业的严重挤占。此外，市场交易环境信息不够透明，缺少政企共享的信息平台，也不利于中小微企业及时准确地获得政策信息、对接优惠政策，阻碍了企业良性运营。

三是经济下行压力加大，市场需求不足。在新冠肺炎疫情等因素的冲击下，市场需求严重不足，中小微企业存在订单不足、生产力下降、成本提升等多重复杂困难，生存环境堪忧。特别是餐饮、旅游、娱乐、交通、教育培训等众多服务行业中小微企业受疫情冲击最明显。大量服务业企业长期面临受疫情影响导致的停业风险，这其中最大的困难就是企业停工停产期间的固定成本，2022 年第二季度，服务业整体所面临的政策不确定性的压力高于其他行业，而租金成本是消费服务业成本的主要来源，占比高达 59.0%①。

三　改善中小微企业生存状况的建议

（一）建立健全企业发展友好的外部支撑环境

一是持续关注中小微企业融资难、融资贵的问题，着重拓宽中小微企业的融资渠道，大力帮助中小微企业提升贷款信用水平，采取奖励措施鼓励金融机构对中小微企业进行融资扶持。二是不断提高疫情环境下对中小微企业的各类优惠政策力度，建立有助于中小微企业复工复产、可持续发展的良性外部市场和社会经济环境，规范公平有序竞争的市场秩序，避免大型垄断企业对中小微企业市场资源的过度挤压，同时针对不同行业的中小微企业建立不同特点的行业法规保护体系，为中小微企业提供良好的发展空间。

---

① 北京大学企业大数据研究中心：《中国小微经营者调查 2022 年二季度报告暨 2022 年三季度中国小微经营信心指数报告》，https://assetsfarm.oss－cn－beijing.aliyuncs.com/PDF/osome_report_2022Q2.pdf，2022 年 7 月 18 日。

（二）优化完善企业治理结构和股权分配体系

一是持续优化中小微企业治理结构。企业治理结构是促进内部控制有效运行、充分发挥企业内部控制功能的重要基础。我国中小微企业应在经营规模稳定之后，弱化传统的人治色彩，尝试建立相对完善的股东会、董事会以及监事会的"三会"制度，加强企业内部制衡机制和外部监督机制，增强企业治理结构稳定性。二是进一步完善企业股权分配体系，同时注意不能使组织结构形同虚设，要充分发挥董事会功能，对管理层进行有效监督，避免企业职责分工的交叉重叠，不能起到制约和牵制作用。对中小微企业治理结构和股权分配结构的完善能够实现中小微企业的自我监管和内部制衡，对企业的长期生存至关重要。

（三）培养提升企业管理者管理意识与能力

一是加强对中小微企业管理者的培养和培训，帮助其不断学习先进性的管理知识和管理能力。中小微企业的管理者及领导者应着力克服自身的局限性，以开放的心态引进先进的管理经验和管理模式，根据实际情况制定企业发展战略和发展目标。二是探索系统性、规范化的企业管理模式。中小微企业在其发展的初始阶段便少有可供借鉴的经验，需要企业在市场中不断摸索，探索适合自身发展的管理模式，这使得我国中小微企业的管理模式呈现显著的单一化特征，主要表现为家族式企业管理模式，企业内部管理结构单一、管理层级较少。中小微企业管理者应认识到企业正规管理模式的重要性，依据中小微企业特有的成长历程及其企业文化，逐渐摸索出适合自身企业发展的系统性、规范化的企业管理模式。

（四）规划设立创新机制和现代企业制度

一是持续关注并提升企业创新研发实力，企业的创新技术是企业能够长期发展壮大的根本，对于中小微企业的生存来说至关重要，应着力培育企业的创新能力。二是着手制定长远的企业发展规划，向现代企业制度迈进。除了管理制度外，中小微企业也应完善自身的产权制度、薪酬制度、奖惩制度及文化制度等，对企业的组织结构、管理模式、发展理念等达成共识。最终做到企业科研创新水平先进，产权制度明晰，产权结构合理，企业内部规章制度健全，依规章制度治理而非依人治理，企业各组织之间权益力量均衡，员工的利益薪酬、奖惩等制度制定科学合理，企业的文化建设丰富多元。

第十二章
"专精特新"企业高质量发展

"专精特新"企业是我国科技自立自强的排头兵，近年来，我国不断加大对其的培育力度，并取得了积极成效。"专精特新"企业已经成为落实创新驱动发展战略的关键载体，为构建国家新发展格局、推动经济高质量发展提供了源源不断的动力。本章通过对138万余条多源大数据分析发现，我国国家级"专精特新"企业发展势头迅猛，发展成效明显，但仍面临一些制约因素，并对此提出建议。

一　"专精特新"企业的相关政策及评定体系

"专精特新"企业指的是具有专业化、精细化、特色化、新颖化特征的中小微企业，是中小微企业群体中的优秀、先进代表。具体而言，在专业化方面，主要表现为生产技艺的专有、企业产品的专业品质等特征；在精细化方面，主要表现为企业技艺精深、管理精细、产品精致等特征；在特色化方面，主要表现为生产技艺较独特、产品服务有特色等特征；在新颖化方面，主要表现为企业科技创新能力强、创新产品服务具有较高技术含量等特征①。

---

① 董志勇、李成明：《"专精特新"中小企业高质量发展态势与路径选择》，《改革》2021年第10期。

2011 年，工信部在《中国产业发展和产业政策报告（2011）》中首次提出了"专精特新"的概念，并将"专精特新"作为中小微企业转型升级、转变发展的方向。2011 年 12 月，《工业转型升级规划（2011—2015 年）》中将发展"专精特新"作为推进中国特色新型工业化、调整和优化经济结构、促进工业转型升级的重要举措。2012 年 4 月 26 日，国务院下发《国务院关于进一步支持小型微型企业健康发展的意见》，提出走"专精特新"企业与大企业协作配套发展之路。2013 年 7 月，工信部印发《关于促进中小企业"专精特新"发展的指导意见》，加强对"专精特新"中小企业的培育和支持，促进中小企业走专业化、精细化、特色化、新颖化的发展之路。2016 年 6 月，《促进中小企业发展规划（2016—2020 年)》中将"专精特新"中小企业培育工程作为提升中小微企业创新能力的六大关键工程之一。2021 年 7 月，中央政治局会议重点提及发展"专精特新"中小企业。据不完全统计，截至 2021 年底，国家共出台 15 项"专精特新"的相关政策（见表 12 - 1），从提高财税金融扶持力度、完善公共服务体系、组织市场推介活动、加强企业培训等多方面、多层次助力中小微企业走"专精特新"之路，政策热度不断提升，支持力度不断加大。

表 12 - 1　2011～2021 年"专精特新"企业相关政策梳理

时间	发文单位	相关政策/文件/会议
2011 年 7 月	工业和信息化部	《中国产业发展和产业政策报告（2011）》
2011 年 9 月	工业和信息化部	《"十二五"中小企业成长规划》
2012 年 4 月	国务院	《国务院关于进一步支持小型微型企业健康发展的意见》

续表

时间	发文单位	相关政策/文件/会议
2013 年 7 月	工业和信息化部	《关于促进中小企业"专精特新"发展的指导意见》
2016 年 6 月	工业和信息化部	《促进中小企业发展规划（2016—2020 年)》
2018 年 11 月	工业和信息化部	《关于开展专精特新"小巨人"企业培育工作通知》
2019 年 4 月	中共中央、国务院	《关于促进中小企业健康发展的指导意见》
2020 年 7 月	工业和信息化部	《关于开展第二批专精特新"小巨人"企业培育工作的通知》
2021 年 1 月	财政部、工业和信息化部	《关于支持"专精特新"中小企业高质量发展的通知》
2021 年 3 月	银保监会	《关于 2021 年进一步推动小微企业金融服务高质量发展的通知》
2021 年 4 月	中共中央	"十四五"规划
2021 年 4 月	工业和信息化部	《关于开展第三批专精特新"小巨人"企业培育工作的通知》
2021 年 7 月	工业和信息化部等六部门	《加快培育发展制造业优质企业的指导意见》
2021 年 7 月	中共中央	中共中央政治局会议
2021 年 9 月	证监会	《证监会就北京证券交易所有关基础制度安排向社会公开征求意见》

在顶层设计的接连推进下，多层次的"专精特新"认定政策也先后落地，逐渐形成了我国"专精特新"企业的认定体系。目前，我国已对"专精特新"企业进行了 5 个层次的划分，梯度由低到高分别为各市评定的"专精特新"企业、各省评定的"专精特新"企业、工信部评定的"专精特新""小巨人"企业、中央

财政特别支持的重点"专精特新""小巨人"企业以及工信部与工业联合会评定的制造业单项冠军企业①。此外，各地政府还为本省内中小企业专门分级设置了"隐形冠军""瞪羚企业"等称号。截至 2022 年 1 月，工信部已累计公布三批"专精特新""小巨人"企业，共计 4922 家，带动省级"专精特新"中小企业 4 万多家，入库企业 11.7 万家。

二 "专精特新"企业的发展态势

（一）发展规模

从注册资本看，注册资本在 1000 万 ~5000 万元的国家级"专精特新"企业分布最多，达到 1606 家，占该类企业的 33.7%；其次是注册资本在 5000 万 ~1 亿元的企业，占 30.7%，注册资本在 1 亿元以上的企业占比达到 28.4%；1000 万元以下占比仅为 7.2%（见图 12 - 1）。可见，国家级"专精特新"企业整体规模较大，注册资本较高，企业资金实力较为强劲。

从企业存续年限看，国家级"专精特新"企业的平均寿命远大于普通中小微企业，其存续年限主要集中在 10 ~20 年，占比为 55.9%。国家级"专精特新"企业存续年限分布于 20 ~30 年的有 1017 家，分布在 10 年以下的企业为 996 家（见图 12 - 2）。从参保人数看，24.5% 的国家级"专精特新"企业参保人数在 20 ~ 100

---

① 制造业单项冠军企业是指长期专注于制造业某些特定细分产品市场，生产技术或工艺国际领先，单项产品市场占有率位居全球前列的企业，2016 年 3 月，工信部印发《制造业单项冠军企业培育提升专项行动实施方案》，方案指出，"到 2025 年，总结提升 200 家制造业单项冠军示范企业，发现和培育 600 家有潜力成长为单项冠军的企业"。

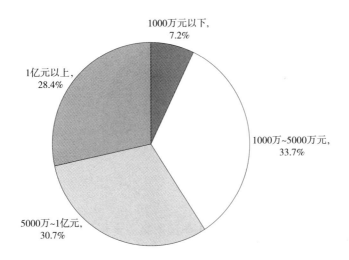

图 12 - 1　2021 年国家级"专精特新"
企业注册资本分布

人，60.5% 的国家级"专精特新"企业参保人数在 100 ~ 500 人，
参保人数在 20 人以下的企业仅占 3.0%（见图 12 - 3）。这说明国
家级"专精特新"企业都经过较长时间的专业能力积累，抗风险能
力整体较强，发展优势明显。

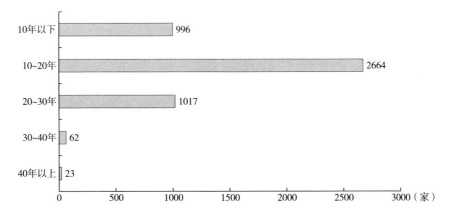

图 12 - 2　2021 年国家级"专精特新"企业存续年限

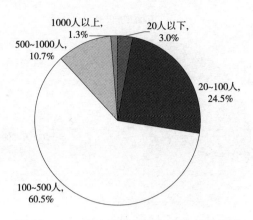

图 12－3　2021 年国家级"专精特新"
企业参保人数分布

（二）行业分布

从行业分布看，"专精特新"企业主要集中于基础制造领域。
具体而言，"专精特新"企业主要分布在制造业（65.8%），科学
研究和技术服务业（12.5%），信息传输、软件和信息服务业
（10.3%）等行业（见图 12－4）。从制造业细分领域看，"专精
特新"企业主要集中于通用设备制造业、专用设备制造业、电气

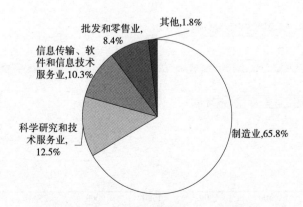

图 12－4　2021 年国家级"专精特新"
企业行业分布

机械和器材制造业等技术含量较高的行业（见图 12 – 5）。国家级"专精特新"企业的产业布局有利于推动国家第二产业向高附加值、高技术含量的行业集中，推动技术研发与先进制造业加速发展，有利于优化国家产业结构。

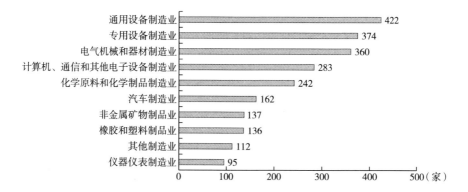

图 12 – 5　2021 年国家级"专精特新"企业数排名前十行业

（三）创新潜力

从创新潜力看，国家级"专精特新"企业研发能力强、创新活力足。在研发强度上，国家级"专精特新"企业的科技创新研发投入足、研发强度高。2021 年，我国国家级"专精特新""小巨人"企业的平均研发强度达到 10.3%，远超国家统计局公布的 2020 年规模以上工业企业研发强度（1.4%），也超过全国研发投入排名前 1000 家民营企业的投入强度（2.6%）[①]。

在研发支撑体系上，国家积极营造良好的创新生态圈，充分发挥"专精特新"企业的科技创新支撑引领作用，聚力打造协同

---

① 根据工信部 2022 年公布的最新数据，详见 https://zj. ctoutiao. com/3076545. html。

创新引领区和创新策源地。2021年，"专精特新"企业已设立国家级研发中心312家，院士工作站500余个，省级技术中心、工程中心、研究院近5000个。

在研发成果上，自2017年以来，国家级"专精特新"企业专利申请量不断增加。截至2021年11月，国家级"专精特新"企业每企业专利申请量①达到16.1件，远超全国每企业专利申请量（见图12-6）。从专利行业分布看，我国"专精特新"企业大多扎根于制造业领域，深耕产业链的单一环节，力求做到"专业化、精细化、创新化"。自2017年以来，制造业领域申请专利量高达17.49万件（见图12-7），占比59.8%，位居专利申请行业分布首位。从专利类型分布看，"专精特新"企业科技研发实力雄厚，原

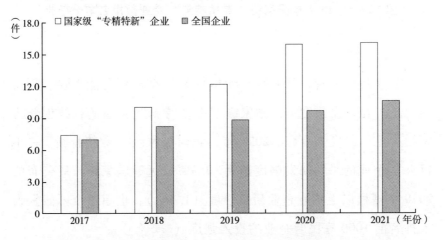

图12-6 2017～2021年国家级"专精特新"企业和全国企业的每企业专利申请量

① 国家级"专精特新"企业每企业专利申请量＝当年国家级"专精特新"企业专利申请总数/国家级"专精特新"企业数量。

创性、基础性创新能力不断增强。2017 年以来，"专精特新"企业的发明专利占比不断提升，实用新型和外观设计专利占比不断下降，2021 年发明专利占比达 50% 以上（见图 12 –8），可见企业正不断弥补产业链关键环节的技术短板，提高自身创新实力。

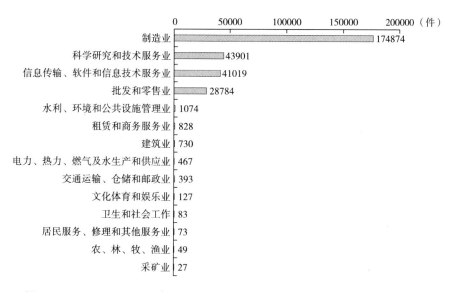

图 12 –7 2017～2021 年国家级 "专精特新" 企业专利申请行业分布

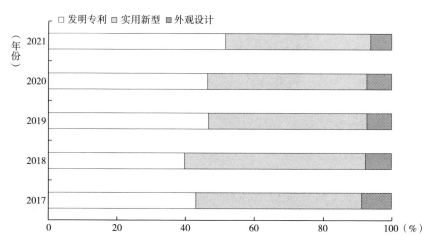

图 12 –8 2017～2021 年国家级 "专精特新" 企业专利申请的结构分布

（四）上市融资情况

从上市情况看，"专精特新"企业上市渠道主要为创业板，多集中于工业基础领域。2021年，工信部公示第三批"专精特新""小巨人"企业名单中，上市企业319家，占比约6.7%。上市的"专精特新"企业在2020年与2021年的平均营业收入增速和平均净利润增速均超过25%，可见"专精特新"企业发展质量高、潜力大，备受资本市场的青睐。从企业上市板块分布看，13%的"专精特新"上市企业处于主板，16%的上市企业处于中小板，28%的上市企业处于科创板，而43%的上市企业处于创业板（见图12-9），说明创业板是为多数创业型企业、中小微企业和高科技产业企业提供上市的主要交易所。

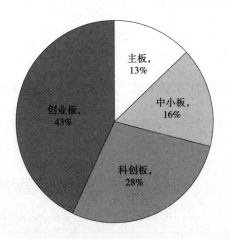

图12-9　2021年国家级"专精特新"企业上市板块分布

从企业上市行业分布情况看，2021年全国"专精特新"上市企业覆盖了18个一级行业。机械设备行业的企业最多，数量为101家，占比高达31.7%，其中大部分属于高级装备制造和机器人相关的智能制造领域企业。其次，化工行业 38 家，应用技术服务行业 34 家，医药生物行业 33 家，电子设备行业 33 家，这五大类行业上市企业数量占比超过七成，说明"专精特新"上市企业的行业分布主要集中于补短板、强民生的工业基础领域，是制造强国建设的重要支撑力量。

三 "专精特新"企业发展面临的问题

（一）国家政策配套不完善，地方政策不精细

近年来，国家已出台多项政策鼓励"专精特新"企业发展，配套政策相对不足。一方面，国家"专精特新"配套政策有待完善。从中央到地方都出台了不少支持"专精特新"企业发展的相关政策，但在税收、落户、用地、人才培育、技术服务等方面的配套政策仍不健全。既没有统一的技术服务申请流程和官方平台，也缺乏有针对性的"学校—企业"人才持续性输送通道。另一方面，地方"专精特新"政策对于本地企业的精细度不够。当前，一些地方政府在拟定政策时疏于"因地制宜"，未进行实地的专项调研，导致部分政策流于表面，未能形成对"专精特新"企业的有效支撑，培育效果受制于地方人力、物力和财力。同时，不少省份出现市级层面非常重视"专精特新"企业培育，但区级层面缺乏相应的措施进行对接，使得上下工作联动困难。

（二）股权债券融资渠道少，银行融资门槛高

当前，我国多层次融资体系仍不完善，部分"专精特新"企业虽有融资需求却无融资能力和渠道。一方面，企业在股权

和债券方面融资难度大。不少"专精特新"企业项目处在中早期阶段，且项目周期长、资金短期回报少，导致大量投资人因风险规避、短期变现能力差等而拒绝投资；风投机构往往通过市盈率模型，依据公司净利润进行估值，导致很多弱周期、新赛道的企业较难获得风投认可。另一方面，通过银行等金融机构进行间接融资门槛高。科创类企业在"专精特新"企业中占比较大，其普遍存在轻资产、高风险特征，且多数没有历史信用记录和传统抵押物，难以达到金融机构设置的融资条件。虽然近年来知识产权质押、科技贷等融资渠道积极发展，但仍有部分企业反映遇到企业专利价值评估难、评估费用较高等问题。

（三）协同创新体系未形成，关键领域短板多

近年来，"专精特新"企业不断加大创新投入，但在协同创新体系建设和关键核心技术研发方面存在不足。一方面，尚未形成成熟的产学研用融合的协同创新体系。科技创新的生态特征决定了单个企业在创新方面"孤掌难鸣"，创新资源的封闭独享导致不少企业常面临"从头干"的问题。究其原因，主要在于缺乏统一解决基础性和行业共性问题的服务机构，创新资源的开放共享机制不完善。另一方面，"卡脖子"技术领域创新仍是短板。2020 年中科院提出包括光刻机、芯片、操作系统、航空发动机短舱等在内的 35 项需要攻坚的"卡脖子"技术。数据显示，2017～2021 年国家级"专精特新"企业在"卡脖子"技术领域的专利申请量仅占其全部专利申请量的 2.5%～3.3%（见图 12－10），在关键技术领域创新仍任重道远。

图 12 – 10   2017～2021 年国家级"专精特新"
"卡脖子"技术专利占比

（四）品牌影响力不够，市场认可度低

代表世界制造业先进水平的德国"隐形冠军"企业十分注重
市场领导力的培育，从而在制定行业创新和技术标准时发挥重要
作用。但我国"专精特新"企业普遍对品牌建设重视不够，存在
技术产品多、市场认可低的矛盾，导致部分企业在专业化领域难
以有效发挥示范和引领作用。互联网招聘数据显示，2016 年以
来，国家级"专精特新"企业用于市场宣传推广方面的人才招聘
需求占比呈现下降趋势，截至 2021 年 11 月，国家级"专精特
新"企业市场型人才占比仅为 13.2%（见图 12 – 11）。

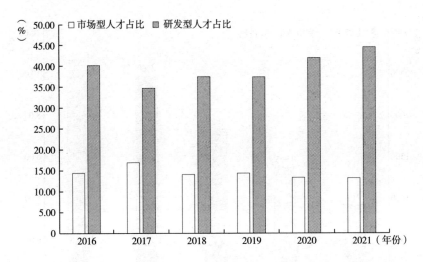

图 12 – 11 国家级"专精特新"企业市场型人才和研发型人才招聘占比

注：2021 年为截至 11 月的数据。

四 推动"专精特新"企业高质量发展的建议

（一）持续推进政策落实落细，为企业提供定制化服务

一是因地制宜推进"专精特新"企业专项服务，不断积累经验，形成典型模式。地方政府应转变工作方式，从"企业找政府"转向"政府找企业"。根据企业需求精准施策，对辖区重点企业可采用"一企一策"措施为其成长配套相关服务，提高政策精准度。如加快建立完善"专精特新"企业在选址用地、人才落户、技术服务规范等方面给予配套政策的支持，为优秀"专精特新"企业积累准确的企业数据资料，提供完备的中小微企业信息咨询、人才培训和管理咨询服务，形成有效的人才持续性输送机制。

二是构建"专精特新"企业生产运行监测机制，形成产业

链图谱，从而对企业发展遇到的问题和政策诉求予以帮助解决，形成有效的监测、反馈和帮扶机制。上级部门也应加强对地方政府工作人员的培训，提高地方政府服务中小微企业的意识和能力。

三是在政策上构建鼓励中小微企业发展、保护中小微企业权益的支持体系，将中小微企业培育和发展相关指标纳入官员政绩考核体系，激发地方创新创业活力，推动传统中小微企业向"专精特新"中小企业转型升级。同时结合本地特色，为"专精特新"企业量身打造优惠帮扶政策，设立"专精特新"专项，引入数字产业金融，引导形成更精准有效的企业减压助力机制。

（二）适当降低融资门槛，助力企业拓展多元融资渠道

一是企业根据外部环境要求和内部发展战略，科学评估企业经营风险和财务风险，采取多元化的筹资策略，采用债券、银行借款、信用担保、融资租赁等各种方式，将企业资产负债率控制在合理的变动范围，提高资金弹性。

二是政府鼓励银行、金融机构提供信用贷款、知识产权质押贷款、股权质押贷款等更多金融产品，加强与外部投资机构合作，探索多样化的科技金融服务模式，盘活"专精特新"企业资产，支持创新能力强、发展潜力大的"专精特新"企业在主板、科创板、新三板等上市，鼓励引导基金和私募股权基金等为"专精特新"企业提供融资便利。同时，引入融资担保公司、保险公司等，丰富"专精特新"企业融资增信措施。如部分银行制订专项计划，专门面向"专精特新"企业，开发成长贷、"小巨人"贷、"单项冠军"贷等专属金融产品，为"专精特新"企业量身

定做金融服务方案，更好地满足企业需求。

三是金融机构充分运用大数据、人工智能、物联网等技术，加大对"专精特新"企业信息收集和风险监测、识别力度，提高金融产品匹配的精准度和风险防控的有效性，促进金融资源和数字化要素的深度融合，不断满足"专精特新"企业多元化融资需求。

（三）培育创新协作生态，引导企业攻破"卡脖子"技术壁垒

推动"专精特新"企业高质量发展，应注重基础投入，增加原始创新，强化平台建设和科技创新治理能力，完善科技创新体制，构建有活力的创新生态系统。

一是注重原始创新，加强基础应用研究。集中力量攻克关键共性技术和前沿引领技术，打破国外技术封锁。强化科学意识，建立科技创新长效机制，形成有助于培育基础研究的土壤。充分运用我国规模市场和完备产业体系优势，提高创新迭代速度和大规模应用能力，衔接好应用基础研究和产业化之间的断层，从政策上引导"专精特新"企业研发产品向核心基础零部件、关键基础材料、先进基础工艺和产业技术基础等工业基础领域倾斜，实现科研创新从样品到产品再到商品的"三级跳"。

二是完善基础科学研究支撑体系，形成富有活力的创新生态体系。对科研企业或机构淡化行政管理色彩，给予科研人员尽可能的自主性，尽可能充分发挥企业的创新主体地位，专注于关键技术的研究、突破。以市场为导向营造公平竞争的环境，加大创新企业财税优惠力度，重点培育处于关键"生态位"的企业和组织，增强创新生态稳定性和竞争力。注重公共服务示

范平台的搭建和完善，发挥其在资金、人才、技术、数据等资源的汇集能力，实现创新主体间充分交流合作，加强产业链上下游协作配套，推动中小微企业与行业龙头企业、科研院所等的协同创新。

三是加快完善科研评价体系，打造科学的"产学研用"创新协作生态体系。明晰技术创新协作模式和利益分配机制，疏通科技成果转化通道，提供规整的成果转化市场，使"专精特新"企业有足够的热情与动力去研发高质量的创新型产品。

（四）重视市场品牌培育，鼓励企业树立行业领导力

"专精特新"企业应聚焦主业并长期深耕，不断深挖价值链获取市场的领导地位。

一是通过设定行业标准和企业标杆，实现企业对客户、竞争对手及市场趋势的引领，引导和支持"专精特新"企业长期专注并深耕于产业链中某个环节或某类产品，对接国际标准提高产品质量。进一步完善市场运营人才培养体系，充分考虑人才培养周期和产业技术创新不确定性等因素，满足高端制造对市场推广、运营的高素质人才的迫切需求，加大对市场型人才培养的资金投入。

二是鼓励"专精特新"企业将技术创新与产业发展、市场需求紧密结合，放眼长远持久用力，以专业化和精细化为抓手，以特色发展和市场需求为导向，在强化技术创新和品质提升引领行业产品潮流的同时，以根植于中华文化的商业价值观为内核，面向世界开拓新的市场空间，打造具有市场影响力的品牌。不断提高企业的行业领导力，支持企业实施全球化发展战略。

三是积极搭建公共服务平台，为"专精特新"企业提供专业化服务，便于其深入了解国际经贸管理知识、详细研究国际企业管理体系、制定国际化战略等。树立全球视野，走国际化路线，在世界范围内整合产业生态资源，为全球市场提供独特性、高性能、高品质的产品及服务，不断提高企业的行业领导力。

参考文献

中文著（译）作

小艾尔弗雷德·钱德勒：《看得见的手——美国企业的管理革命》，重武译，商务印书馆，1987。

杨杜：《企业成长论》，中国人民大学出版社，1996。

詹姆斯·G. 马奇：《决策是如何产生的》，王元歌等译，机械工业出版社，2007。

伊查克·爱迪思：《企业生命周期》，王玥译，中国人民大学出版社，2017。

国务院发展研究中心课题组：《高质量发展的目标要求和战略重点》，中国发展出版社，2019。

高培勇主编《经济高质量发展理论大纲》，人民出版社，2020。

刘淑春、林汉川等：《新发展格局下中国中小企业高质量发展若干问题的理论与实践》，企业管理出版社，2021。

刘元春、邵智宝等编著《中国小微企业发展研究报告（2020）》，中国社会科学出版社，2021。

硕博士论文

胡斌：《中国小微企业融资难问题研究》，武汉大学博士学位论文，2016。

赵晓：《企业成长理论研究》，北京大学博士学位论文，1999。

吕一博：《中小企业成长的影响因素研究》，大连理工大学博士学位论文，2008。

李允尧：《企业成长能力研究》，中南大学博士学位论文，2007。

陈烨：《中小企业数字化转型研究》，四川大学硕士学位论文，2021。

徐梦萍：《基于 DSR 模型的西咸新区文旅特色小镇发展分析及对策研究》，陕西师范大学硕士学位论文，2019。

周超然：《基于大规模 GPS 轨迹数据的活动链信息分析方法研究》，吉林大学博士学位论文，2017。

沈兵林：《基于 Geohash 的空间文本查询的研究》，昆明理工大学硕士学位论文，2019。

唐钟起：《我国中小企业生命周期特点及管理对策研究》，哈尔滨工程大学硕士学位论文，2005。

刘昌宇：《小微企业智力资本对创新绩效的影响机制研究》，西南财经大学博士学位论文，2020。

陆松：《信息技术产业创新系统结构和绩效》，广西大学博士学位论文，2021。

中文期刊、报纸及网站

杨伟民：《贯彻中央经济工作会议精神推动高质量发展》，《宏观经济管理》2018 年第 2 期。

国家发展改革委经济研究所课题组：《推动经济高质量发展》，《宏观经济研究》2019 年第 2 期。

付朋霞、刘青松：《中小企业高质量发展评价体系构建》，《信息通信技术与政策》2020 年第 5 期。

戴国宝、王雅秋：《民营中小微企业高质量发展：内涵、困境与路径》，《经济问题》2019 年第 8 期。

顾华详：《民企聚焦"六保六稳"促进高质量发展的路径研究》，《新疆农垦经济》2020 年第 7 期。

余泳泽、段胜岚、林彬彬：《新发展格局下中国产业高质量发展：现实困境与政策导向》，《宏观质量研究》2021 年第 4 期。

张培丽：《中小企业高质量发展的困境与出路探析》，《中国特色社会主义研究》2019 年第 5 期。

叶文虎、仝川：《联合国可持续发展指标体系述评》，《中国人口·资源与环境》1997 年第 3 期。

朱琦：《小微企业持续发展能力评价体系研究》，《当代经济》2016 年第 17 期。

李浩、王旭智、万旺根：《基于位置数据的居民出行时空特征研究——以上海市为例》，《电子测量技术》2019 年第 19 期。

马宗国、尹圆圆：《新常态下中国中小企业发展影响因素评价与优化策略研究》，《济南大学学报》（社会科学版）2017 年第 6 期。

高波、秦学成：《中小企业可持续发展能力的评价体系与方法》，《统计与决策》2017 年第 8 期。

张小红：《生命周期视角下中小企业可持续发展能力评价研究》，《管理观察》2019 年第 28 期。

王鑫、王莹、陈进东：《我国中小微企业信用评价研究现状与发展趋势》，《征信》2021 年第 5 期。

朱武祥、张平、李鹏飞、王子阳：《疫情冲击下中小微企业困境
　　与政策效率提升——基于两次全国问卷调查的分析》，《管理
　　世界》2020 年第 4 期。

周新辉、李昱喆、李富有：《新冠疫情对中小服务型企业影响评
　　估及对策研究——基于回归算法优化模型的分析预测》，《经
　　济评论》2020 年第 3 期。

中国小微经营者调查课题组、张晓波、孔涛：《新冠肺炎疫情下
　　我国小微经营者现状及信心指数》，《产业经济评论》2021
　　年第 2 期。

王珮琪：《我国中小企业发展的影响因素分析》，《山西农经》2020
　　年第 16 期。

高立龙：《中小企业面临的突出问题与对策——以湖南省为例》，
　　《中国经贸导刊》2020 年第 5 期。

徐玉德：《全球疫情冲击下中小企业面临的挑战及应对》，《财会
　　月刊》2020 年第 6 期。

王秋丽：《新形势下中小企业发展现状及对策》，《商展经济》
　　2020 年第 15 期。

宋华：《新冠肺炎疫情对供应链弹性管理的启示》，《中国流通经
　　济》2020 年第 3 期。

李芊霖、王世权：《新冠疫情冲击下中小企业如何应对危机？——基
　　于辽宁省中小企业的问卷调查》，《地方财政研究》2020 年第
　　4 期。

黄烨菁：《新冠肺炎疫情下我国中小微企业的生存与发展——冲击
　　影响、经营症结与应对方向》，《上海经济》2020 年第 2 期。

王正位、李天一、廖理等：《疫情冲击下中小微企业的现状及纾
　　困举措——来自企业经营大数据的证据》，《数量经济技术经
　　济研究》2020 年第 8 期。

黄庆华、周志波、周密：《新冠肺炎疫情对我国中小企业的影响
　　及应对策略》，《西南大学学报》（社会科学版）2020 年第
　　3 期。

高志俊：《中小企业：新冠肺炎疫情时期的反思》，《现代企业文
　　化》2020 年第 6 期。

李涵、吴雨、邱伟松等：《新冠肺炎疫情对我国中小企业的影响：
　　阶段性报告》，《中国科学基金》2020 年第 6 期。

陆岷峰、徐阳洋：《经济双循环背景下中小企业的机遇、挑战与
　　成长的着力点》，《西南金融》2021 年第 1 期。

胡飞：《当前中小企业发展面临的主要困难与对策建议》，《中国
　　经贸导刊》2022 年第 3 期。

欧李苹、尹利军：《减税降费背景下的中小企业税收负担问题研
　　究》，《商业经济》2021 年第 8 期。

孙丹丹：《中小微企业受新冠肺炎疫情的影响及享受政策支持的
　　研究》，《华北金融》2020 年第 11 期。

洪卫：《疫情冲击对制造业供应链的影响分析及"后疫情时代"
　　的政策取向》，《西南金融》2020 年第 6 期。

傅丹红：《扶持小微企业财税政策绩效评价制度研究》，《商场现
　　代化》2021 年第 23 期。

罗连发、程彦军：《破解中小微企业营商环境关键痛点的几点思
　　考》，《中国市场监管研究》2021 年第 12 期。

锁箭、杨梅、李先军：《大变局下的小微企业高质量发展：路径
　　选择和政策建议》，《当代经济管理》2021 年第 10 期。

李欣航、高洋鸽：《我国中小企业融资难问题分析及对策》，《商
　　业经济》2020 年第 3 期。

高颖、邱小安：《民营小微企业融资需求状况分析》，《企业科技
　　与发展》2020 年第 11 期。

左月华、任锦儒、王金萍、许飚：《疫情冲击下敏捷金融支持中
　　小微企业融资研究》，《新金融》2021 年第 1 期。

唐艳、敖羽：《我国创新型中小企业的融资问题分析》，《全国流
　　通经济》2021 年第 29 期。

齐其芳、尤培锋：《政府性融资担保公司经营管理问题及化解途
　　径》，《审计月刊》2021 年第 3 期。

何建家：《小微企业融资问题的解决途径探析》，《投资与创业》
　　2021 年第 21 期。

侯文麟：《互联网金融模式下中小企业融资问题论述》，《商展经
　　济》2022 年第 4 期。

王海燕、郑秀梅：《创新驱动发展的理论基础、内涵与评价》，
　　《中国软科学》2017 年第 1 期。

孙卫东：《产业集群内中小企业商业模式创新与转型升级路径研
　　究——基于协同创新的视角》，《当代经济管理》2019 第
　　6 期。

苏敬勤、马欢欢、张帅：《小制造企业技术创新能力演化机理研
　　究》，《科学学研究》2020 年第 10 期。

范秋芳、雒倩文、韩智业：《创新驱动与新旧动能转换互动关系

研究——以青岛市为例》，《山东科技大学学报》（社会科学版）2020 年第 2 期。

张艳丽、许龙、王建华：《绿色创新视阈下科技型中小企业高质量发展的驱动路径——基于系统动力学模型的仿真模拟》，《企业经济》2022 年第 3 期。

陈佳贵：《关于企业生命周期与企业蜕变的探讨》，《中国工业经济》1995 年第 11 期。

汤学俊：《中小企业生命周期与发展策略》，《中国中小企业》2000 年第 6 期。

邬爱其、贾生华、曲波：《企业持续成长决定因素理论综述》，《外国经济与管理》2003 年第 5 期。

高维义、谢科范：《企业生命周期及其风险分析》，《贵州师范大学学报》（自然科学版）2001 年第 4 期。

张之梅：《中外企业成长理论研究述评》，《山东经济》2010 年第 1 期。

沈运红、王恒山：《中小企业不同生命周期发展策略选择》，《商业时代》2006 年第 4 期。

吴海云：《当前中小企业破产原因探讨》，《商场现代化》2014 年第 33 期。

彭宇翔：《中小企业成本管理问题及解决措施探讨》，《企业改革与管理》2019 年第 19 期。

韩夏、马浩：《企业死亡研究纵览》，《外国经济与管理》2019 年第 6 期。

陈司奇：《民生保障的民法文化实现》，《人民论坛·学术前沿》

2020 年第 10 期。

薛晓明、汪余学：《中小企业人才流失及对策分析》，《河北企业》
    2021 年第 11 期。

赵阳、周进生：《从企业生命周期视角看中小企业的典型困境与
    成长》，《当代经济》2021 年第 3 期。

戚聿东、肖旭：《数字经济时代的企业管理变革》，《管理世界》
    2020 年第 6 期。

王春英、陈宏民：《数字经济背景下企业数字化转型的问题研究》，
    《管理现代化》2021 年第 2 期。

胥培俭、丁琦、张思文：《数字经济时代中小企业数字化转型研
    究》，《信息通信技术与政策》2020 年第 3 期。

杨梦培、张巍、黄琳：《中小企业数字化转型现状、痛点及路径》，
    《企业观察家》2021 年第 8 期。

王春英、陈宏民：《数字经济背景下企业数字化转型的问题研究》，
    《管理现代化》2021 年第 2 期。

吴江、陈婷、龚艺巍等：《企业数字化转型理论框架和研究展望》，
    《管理学报》2021 年第 12 期。

刘然：《后疫情时代中小企业数字化转型之路》，《人民论坛·学
    术前沿》2020 年第 13 期。

陈蕊：《探究数字经济背景下中小企业转型升级》，《上海商业》
    2021 年第 11 期。

张凌飞：《进入壁垒与中小企业数字化转型》，《中国市场》2021
    年第 12 期。

李玮、李文军：《从新冠肺炎疫情防控看中小企业数字化转型》，

《企业经济》2020年第7期。

杨卓凡：《我国产业数字化转型的模式、短板与对策》，《中国流通经济》2020年第7期。

钟雨龙、陈璋：《防疫常态化背景下我国中小企业数字化转型的发展研究》，《商业经济研究》2021年第10期。

赵慧娟、姜盼松、范明霞等：《数据驱动中小制造企业提升创新绩效的机理——基于扎根理论的探索性研究》，《研究与发展管理》2021年第3期。

王曼、念沛豪、赵芸芸等：《中德"隐形冠军"发展现状对比及启示》，《科技中国》2020年第8期。

董志勇、李成明：《"专精特新"中小企业高质量发展态势与路径选择》，《改革》2021年第10期。

唐德淼、黄涛：《创业赋能背景下"专精特新"企业成长特征及路径》，《企业科技与发展》2021年第11期。

《关于印发中小企业划型标准规定的通知》，http://www.gov.cn/govweb/zwgk/2011-07-04/content_1898747.htm。

《统计上大中小微型企业划分办法（2017）》，http://www.stats.gov.cn/tjsj/tjbz/201801/t20180103_1569357.html。

《中共中央 国务院印发〈国家创新驱动发展战略纲要〉》，http://www.gov.cn/zhengce/2016-05-19/content_5074812.htm。

《关于促进中小企业"专精特新"发展的指导意见》，http://www.gov.cn/zhuanti/2015-12-14/content_5023635.htm。

2020年以来相关政策梳理

《国务院关于印发扎实稳住经济一揽子政策措施的通知》，国务院，2022年5月24日。

《国务院办公厅关于进一步释放消费潜力促进消费持续恢复的意见》，国务院办公厅，2022年4月20日。

《国务院办公厅关于印发加强信用信息共享应用促进中小微企业融资实施方案的通知》，国务院办公厅，2021年12月22日。

《国务院办公厅关于进一步加大对中小企业纾困帮扶力度的通知》，国务院办公厅，2021年11月10日。

《国务院办公厅关于服务"六稳""六保"进一步做好"放管服"改革有关工作的意见》，国务院办公厅，2021年4月7日。

《国务院办公厅关于以新业态新模式引领新型消费加快发展的意见》，国务院办公厅，2020年9月16日。

《国务院办公厅关于进一步优化营商环境更好服务市场主体的实施意见》，国务院办公厅，2020年7月15日。

《保障中小企业款项支付条例》，国务院办公厅，2020年7月5日。

《国务院办公厅关于进一步精简审批优化服务精准稳妥推进企业复工复产的通知》，国务院办公厅，2020年3月3日。

《人力资源社会保障部办公厅、国家发展改革委办公厅、财政部办公厅、国家税务总局办公厅关于进一步做好阶段性缓缴社会保险费政策实施工作有关问题的通知》，人力资源社会保障部办公厅、国家发展改革委办公厅、财政部办公厅、国家税务总局办公厅，2022 年 9 月 22 日。

《国家医保局、国家发展改革委、财政部、国家税务总局关于阶段性缓缴职工基本医疗保险单位缴费的通知》，国家医保局、国家发展改革委、财政部、国家税务总局，2022 年 6 月 30 日。

《中国银保监会办公厅关于进一步做好受疫情影响困难行业企业等金融服务的通知》，中国银保监会办公厅，2022 年 6 月 2 日。

《人力资源社会保障部、国家发展改革委、财政部、税务总局关于扩大阶段性缓缴社会保险费政策实施范围等问题的通知》，人力资源社会保障部、国家发展改革委、财政部、税务总局，2022 年 5 月 31 日。

《中国证监会关于进一步发挥资本市场功能 支持受疫情影响严重地区和行业加快恢复发展的通知》，中国证监会，2022 年 5 月 20 日。

《国资委关于中央企业助力中小企业纾困解难促进协同发展有关事项的通知》，国资委，2022 年 5 月 19 日。

《工业和信息化部、国家发展和改革委员会、科学技术部等关于开展"携手行动"促进大中小企业融通创新（2022 — 2025 年）的通知》，工业和信息化部、国家发展和改革委员会、科学技术部等，2022 年 5 月 12 日。

《国家发展改革委等部门关于做好 2022 年降成本重点工作的通知》，国家发展改革委、工业和信息化部、财政部、人民银行，2022 年 4 月 29 日。

《中国银保监会办公厅关于2022年进一步强化金融支持小微企业
　　发展工作的通知》，中国银保监会办公厅，2022年4月6日。

《国资委办公厅关于做好2022年服务业小微企业和个体工商户房
　　租减免工作的通知》，国资委办公厅，2022年3月23日。

《国家发展改革委等部门印发〈关于促进服务业领域困难行业恢
　　复发展的若干政策〉的通知》，国家发展改革委、财政部、
　　人力资源和社会保障部等14部门，2022年2月18日。

《国务院国有资产监督管理委员会关于认真贯彻落实〈保障中小
　　企业款项支付条例〉进一步做深做实清理拖欠中小企业账款
　　工作的通知》，国务院国有资产监督管理委员会，2021年12
　　月17日。

《工业和信息化部、国家发展和改革委员会、科学技术部等关于
　　印发"十四五"促进中小企业发展规划的通知》，工业和信
　　息化部、国家发展和改革委员会、科学技术部等，2021年12
　　月11日。

《财政部、人民银行、银保监会关于实施中央财政支持普惠金融
　　发展示范区奖补政策的通知》，财政部、人民银行、银保监
　　会，2021年11月1日。

《市场监管总局、全国工商联、国家发展改革委等关于进一步发
　　挥质量基础设施支撑引领民营企业提质增效升级作用的意
　　见》，市场监管总局、全国工商联、国家发展改革委等，
　　2021年9月28日。

《商务部、财政部、人民银行等关于支持线下零售、住宿餐饮、
　　外资外贸等市场主体纾困发展有关工作的通知》，商务部、

财政部、人民银行等，2021 年 8 月 24 日。

《中国人民银行、银保监会、发展改革委、市场监管总局关于降低小微企业和个体工商户支付手续费的通知》，中国人民银行、银保监会、发展改革委、市场监管总局，2021 年 9 月 30 日。

《中国证券监督管理委员会公告〔2021〕11 号——关于公布〈关于完善全国中小企业股份转让系统终止挂牌制度的指导意见〉的公告》，中国证券监督管理委员会，2021 年 5 月 28 日。

《文化和旅游部、中国人民银行、中国银行保险监督管理委员会关于抓好金融政策落实　进一步支持演出企业和旅行社等市场主体纾困发展的通知》，文化和旅游部、中国人民银行、中国银行保险监督管理委员会，2021 年 4 月 30 日。

《国家发展改革委、工业和信息化部、财政部、人民银行关于做好 2021 年降成本重点工作的通知》，国家发展改革委、工业和信息化部、财政部、人民银行，2021 年 4 月 29 日。

《中国银保监会办公厅关于 2021 年进一步推动小微企业金融服务高质量发展的通知》，中国银保监会办公厅，2021 年 4 月 9 日。

《中国人民银行、银保监会、财政部等关于进一步延长普惠小微企业贷款延期还本付息政策和信用贷款支持政策实施期限有关事宜的通知》，中国人民银行、银保监会、财政部等，2021 年 3 月 29 日。

《中国人民银行、银保监会、财政部等关于继续实施普惠小微企业贷款延期还本付息政策和普惠小微企业信用贷款支持政策

有关事宜的通知》，中国人民银行、银保监会、财政部等，
　　2020 年 12 月 31 日。

《国家发展改革委、科技部、工业和信息化部等关于支持民营企
　　业加快改革发展与转型升级的实施意见》，国家发展改革委、
　　科技部、工业和信息化部等，2020 年 10 月 14 日。

《工业和信息化部、发展改革委、科技部等关于健全支持中小企
　　业发展制度的若干意见》，工业和信息化部、发展改革委、
　　科技部等，2020 年 7 月 3 日。

《中国银保监会关于印发商业银行小微企业金融服务监管评价办
　　法（试行）的通知》，中国银保监会，2020 年 6 月 29 日。

《国家发展改革委、财政部、住房城乡建设部等关于支持民营企
　　业参与交通基础设施建设发展的实施意见》，国家发展改革
　　委、财政部、住房城乡建设部等，2020 年 6 月 28 日。

《国务院国有资产监督管理委员会关于进一步巩固清欠工作成果
　　加快健全防止拖欠长效机制的通知》，国务院国有资产监督
　　管理委员会，2020 年 6 月 22 日。

《中国人民银行、银保监会、财政部等关于加大小微企业信用贷
　　款支持力度的通知》，中国人民银行、银保监会、财政部等，
　　2020 年 6 月 1 日。

《中国人民银行、银保监会、财政部等关于进一步对中小微企业
　　贷款实施阶段性延期还本付息的通知》，中国人民银行、银
　　保监会、财政部等，2020 年 6 月 1 日。

《中国人民银行、银保监会、发展改革委等关于进一步强化中小
　　微企业金融服务的指导意见》，中国人民银行、银保监会、

发展改革委等，2020 年 5 月 26 日。

《国务院国有资产监督管理委员会办公厅关于进一步做好服务业
　　小微企业和个体工商户房租减免工作的通知》，国务院国有
　　资产监督管理委员会办公厅，2020 年 5 月 20 日。

《国家发展改革委办公厅、中国工商银行关于信贷支持湖北地区
　　民营企业的通知》，国家发展改革委办公厅、中国工商银行，
　　2020 年 4 月 26 日。

《国家税务总局办公厅、中国银行保险监督管理委员会办公厅关
　　于发挥"银税互动"作用助力小微企业复工复产的通知》，
　　国家税务总局办公厅、中国银行保险监督管理委员会办公
　　厅，2020 年 4 月 7 日。

《国务院国有资产监督管理委员会办公厅关于支持中小微企业和
　　个体工商户发展　积极减免经营用房租金的通知》，国务院
　　国有资产监督管理委员会办公厅，2020 年 4 月 3 日。

《中国银行保险监督管理委员会关于 2020 年推动小微企业金融服
　　务"增量扩面、提质降本"有关工作的通知》，中国银行保
　　险监督管理委员会，2020 年 3 月 31 日。

《银保监会、人民银行、发展改革委等关于对中小微企业贷款实
　　施临时性延期还本付息的通知》，银保监会、人民银行、发
　　展改革委等，2020 年 3 月 1 日。

《国家发展改革委办公厅、民政部办公厅关于积极发挥行业协会
　　商会作用支持民营中小企业复工复产的通知》，国家发展改
　　革委办公厅、民政部办公厅，2020 年 2 月 27 日。

《中国人民银行、财政部、银保监会等关于进一步强化金融支持

防控新型冠状病毒感染肺炎疫情的通知》，中国人民银行、财政部、银保监会等，2020 年 1 月 31 日。

外文文献

Levey A. , Merry U. , *Organizational Transformation*, New York: Praeger, 1986.

Arie de Geus, *The Living Company*, Longview Publishing Limited, 1997

Fitzgerald M. , Kruschwitz N. , Bonnet D. , et al. , "*Embracing Digital Technology: A New Strategic Imperative*", 2013.

Warner K. , M. Wäger. , "*Building Dynamic Capabilities for Digital Transformation: An Ongoing Process of Strategic Renewal*", *Long Range Planning*, 2018.

Shen L. , Stopher P. R. , "*Review of GPS Travel Survey and GPS Data – Processing Methods*", *Transport Reviews*, 2014.

Hess T. , Matt C. , Benlian A. , et al. , "*Options for Formulating a Digital Transformation Strategy*", 2020.

Tang G. X. , Park K. , Agarwal A. , et al. , "*Impact of Innovation Culture, Organization Size and Technological Capability on the Performance of SMEs: The Case of China*", *Sustainability*, 2020.

图书在版编目（CIP）数据

中小微企业高质量发展研究 / 杨道玲，魏颖，任可
著 . -- 北京：社会科学文献出版社，2023.1
（大数据发展丛书）
ISBN 978 - 7 - 5228 - 1114 - 7

Ⅰ.①中… Ⅱ.①杨… ②魏… ③任… Ⅲ.①中小企
业 - 企业发展 - 研究 - 中国 Ⅳ.①F279.243

中国版本图书馆 CIP 数据核字（2022）第 215533 号

· 大数据发展丛书 ·

中小微企业高质量发展研究

著　　者 / 杨道玲　魏　颖　任　可

出 版 人 / 王利民
组稿编辑 / 邓泳红
责任编辑 / 宋　静
责任印制 / 王京美

出　　版 / 社会科学文献出版社·皮书出版分社（010）59367127
　　　　　地址：北京市北三环中路甲 29 号院华龙大厦　邮编：100029
　　　　　网址：www.ssap.com.cn
发　　行 / 社会科学文献出版社（010）59367028
印　　装 / 三河市龙林印务有限公司

规　　格 / 开　本：787mm × 1092mm　1/16
　　　　　印　张：13　字　数：145 千字
版　　次 / 2023 年 1 月第 1 版　2023 年 1 月第 1 次印刷
书　　号 / ISBN 978 - 7 - 5228 - 1114 - 7
定　　价 / 89.00 元

读者服务电话：4008918866